Heidi Vorholz
**55 Fragen & Antworten
Partizipation in der Kita**

Heidi Vorholz, Erzieherin, Pädagogin, Autorin, Supervisorin und Mediatorin. Sie ist seit über 25 Jahren bundesweit in der Fortbildungsarbeit tätig. Schwerpunkte sind Seminare mit Erzieherinnen, Kitaleiterinnen und Tagesmüttern zu pädagogischen Themen und zu den Themen Kommunikation, Konfliktmanagement und Zusammenarbeit mit Eltern sowie Teamfortbildungen. Fachberatung und Langzeitbegleitung von Teams. Seminare zur Teamentwicklung gehören ebenso zu ihrem Arbeitsbereich wie die Entwicklung von Curricula zu pädagogischen Themen.
In den letzten Jahren hat sie besonders die Themen „Kinder unter drei Jahren", „Öffnungsprozesse in Kitas", „Stärkung der Leitungskompetenz" sowie „Hort" bearbeitet. In jedem Jahr hat sie ein Schwerpunktthema, zu dem sie inhaltlich arbeitet und das in ihren Veranstaltungen angeboten wird. Das Thema Partizipation stellt für sie die Grundhaltung in all diesen Themenschwerpunkten dar.
In den letzten Jahren hat sie darüber hinaus vielfältigste Fortbildungen zur Implementierung der Bildungspläne gestaltet. In diesem Kontext wird sie auch als Referentin zu Fachtagen eingeladen. Außerdem gehören zahlreiche Kurse für Eltern und Veranstaltungen der Familienbildung zu ihrem Arbeitsbereich.
Heidi Vorholz lebt und arbeitet in Radeberg/Sachsen und Berlin.
www.bildung-vorholz.de

Heidi Vorholz

55 Fragen & Antworten

Partizipation in der Kita

Aus Gründen der besseren Lesbarkeit wird in diesem Buch durchgehend die weibliche grammatische Form Erzieherinnen verwendet. Natürlich sind auch immer Männer gemeint, also Kita-Leiter, Erzieher usw.

Die Links wurden bei Redaktionsschluss (24.07.2015) überprüft. Es kann nicht ausgeschlossen werden, dass inzwischen ein anderer Inhalt angeboten wird.

Redaktion: Mareike Kerz Lektorat & mehr, Mainz
Umschlagkonzept & Innenlayout: Claudia Adam Graphik-Design, Darmstadt
Umschlaggestaltung: Torsten Lemme – Lemme DESIGN, Berlin
Technische Umsetzung: Markus Schmitz, Büro für typographische Dienstleistungen, Altenberge
Titelillustration: © tsukiyo8 – fotolia.com

1. Auflage 2015

© 2015 Cornelsen Schulverlag GmbH, Berlin

Das Werk und seine Teile sind urheberrechtlich geschützt. Jede Nutzung in anderen als den gesetzlich zugelassenen Fällen bedarf deshalb der vorherigen schriftlichen Einwilligung des Verlags.
Hinweis zu den §§ 46, 52a UrhG: Weder das Werk noch seine Teile dürfen ohne eine solche Einwilligung eingescannt und in ein Netzwerk eingestellt oder sonst öffentlich zugänglich gemacht werden. Dies gilt auch für Intranets von Schulen und sonstigen Bildungseinrichtungen.

Druck: CPI – Clausen & Bosse, Leck

ISBN 978-3-589-24649-6

 Inhalt gedruckt auf säurefreiem Papier aus nachhaltiger Forstwirtschaft.

Inhalt

Warum Partizipation? – Grundsätzliches zu Rechten und Demokratie in unserer Gesellschaft — 6

Entscheidungskompetenzen der Kinder – Grundlagen zu Demokratie und Partizipation in der Kita — 16

So geht es – Gelebte Partizipation in der Kita — 24

Das möchte ich nicht – Umgang mit Beschwerden — 34

Beteiligung von Kindern im pädagogischen Alltag – Ganz praktisch — 44

Vielfalt von Methoden – Verschiedene Formen der Partizipation — 66

Literatur — 84
Stichwortverzeichnis — 85

Fragen und Antworten zu:

Warum Partizipation? – Grundsätzliches zu Rechten und Demokratie in unserer Gesellschaft

Grundsätzliches zu Rechten und Demokratie in unserer Gesellschaft

1. Was ist Partizipation?

Partizipation ist ein Wort, das viele Begrifflichkeiten in sich vereint. Ursprünglich aus dem Lateinischen kommend, bedeutet es Teilhabe, Teilnahme, einen Teil übernehmen. Rechtlich gesehen (→ Fragen 4–6) meint Partizipation die Beteiligung der Bürger bei der gemeinsamen Erledigung politischer Angelegenheiten und an politischen Willensbildungsprozessen, insbesondere an Wahlen und Referenden. In einem rechtlichen Sinne bezeichnet Partizipation auch die Teilhabe der Bevölkerung an Verwaltungsentscheidungen (vgl. Schubert & Klein 2006). Auf die Frühpädagogik übertragen bedeutet Partizipation die aktive Beteiligung von Kindern an ihren Angelegenheiten und ihrer Tagesstruktur.

2. Weshalb Partizipation von Kindern?

Kinder leben heute in einem Spannungsfeld von Über- und Unterforderung. Sie erleben Leistungsdruck, Veränderungen und oft eine unklare pädagogische Grundhaltung von Eltern und Erzieherinnen. Partizipation bedeutet, einen Mittelweg zu finden, um auf der einen Seite Erwachsene nicht aus ihrer Verantwortung zu entlassen und auf der anderen Seite Kinder soweit wie möglich an ihrem Alltag zu beteiligen. Eine partizipative Grundhaltung heißt, dass die Bedürfnisse der Kinder ernst genommen werden, dass Kinder ihre eigenen Erfahrungen machen können und auf diesem Wege lernen, Verantwortung zu übernehmen. Erwachsene stehen ihnen dabei als Wegbegleiter zur Verfügung. Diese Basis ermöglicht die Entwicklung von Selbstvertrauen, Selbstbewusstsein, Konfliktfähigkeit und vieler weiterer sozialer Kompetenzen. Anliegen ist es, auf diesem Wege ein grundlegendes Demokratieverständnis zu erwerben, um eine tragfähige Kultur des Miteinanders zu entwickeln. Partizipation ist ein Recht der Kinder (→ Frage 4).

3 Was bedeuten Demokratie und demokratische Teilhabe?

Als moderne Lebensform und politische Ordnung erlaubt Demokratie die Freiheit individueller Entscheidungen, Handlungen und eigener Verantwortung. Die Gleichheit vor dem Gesetz sowie der Schutz von Minderheiten gewährt kollektives und solidarisches Handeln als freiwillige Basis der demokratischen Teilhabe im politischen Sinne (vgl. Schubert & Klein 2011).

Die Einflussnahme der Kinder kann z. B. die gemeinsamen Regeln, das festzulegende Tagesprogramm oder die Raumumgestaltung betreffen. Die aktuelle Diskussion um Partizipation in Kitas hat eine längere Vorgeschichte.

In den 1970er Jahren begannen Vertreter des *Situationsansatzes* in der Kindergartenpädagogik mit der intensiven Einbeziehung von Kindern in Entscheidungsprozesse. Im Mittelpunkt standen dabei insbesondere thematische Projekte, die von Kindern und Erwachsenen gemeinsam entwickelt wurden. Aber auch ausgehend von den basisdemokratischen Ideen des französischen Reformpädagogen Célestin Freinet galt es, den Gedanken der Partizipation konsequent in die Tat umzusetzen. Den „[…] Kindern das Wort zu geben, also kindzentriert zu denken und zu handeln, bedeutet […]:

- In andauernden *Veränderungs*prozessen
- mit Kindern *gemeinsam,*
- auf nur jeweils *konkrete* Situationen bezogen
- und *individuell* zugeschnitten
- auszuhandeln,
- wo die Grenzen der Freiheit liegen,
- und wer wem gegenüber
- bis wohin verantwortlich ist." (Klein & Vogt 1998, S. 57 f.)

Im pädagogischen Bereich verwirklicht sich Demokratie, indem Kinder lernen, ihre Wünsche und Interessen zu vertreten, zu verhandeln, Kompromisse zu schließen und auf andere zu hören. Diese grundlegenden demokratischen Strukturen sind ein Übungsfeld für ein fundiertes, früh entwickelbares Demokratieverständnis. Um dies zu entfalten, müssen Kinder Angebote entsprechend ihres Entwicklungsstandes erhalten und eine kompetente Begleitung durch Erwachsene erfahren. Demokratie kann gelernt und muss geübt werden. Das kann in Kindertageseinrichtungen als pädagogisches Angebot im Alltag jederzeit geschehen. Genauer gesagt bedeutet dies, dass es, egal ob beim Anziehen, beim Mittagessen oder beim Spiel in der Buddelkiste, überall Übungsbereiche für demokratische Prozesse gibt. So kann mit

Grundsätzliches zu Rechten und Demokratie in unserer Gesellschaft

Kindern besprochen, gemeinsam entschieden und ausgehandelt werden, wer welches Spielzeug bekommt, welche Kinder zusammen sitzen, welche Kleidung getragen wird usw. Hilfestellungen sind natürlich sinnvoll und altersgemäß auch nötig. So kann z. B. eine Wetterkarte in der Garderobe die Auswahl der Kleidung aufzeigen.

Ein Beispiel: Eine Gruppe von Kindern hat sich die Mühe gemacht und eine große Wetteruhr gebastelt, auf der dem Wetter entsprechend die passenden Kleidungsstücke aufgemalt sind. Jedes Kind kann dies also an dem betreffenden Tag selbst mitentscheiden. Von großer Bedeutung ist dabei der Blickwinkel der Pädagoginnen. Sehen sie diese Entscheidungsprozesse als Hauptbestandteil ihrer Arbeit und nehmen sie sich die entsprechende Zeit oder sind es für sie, etwas überspitzt formuliert, eher die „notwendigen Übel", die einfach im Alltag mit Kindern erforderlich sind?

4 Was sind die Voraussetzungen für Kitas?

Partizipation ist selbstverständlich zuallererst immer eine Haltungsfrage, d. h. die Blickrichtung der Erwachsenen auf das Kind ist die Grundlage und auch in den unterschiedlichsten Gesetzen festgelegt.

Grundlegende rechtliche Maßgaben werden sowohl z. B. im Sächsischen Bildungsplan (→ Frage 5) als auch vonseiten der UN-Kinderrechte (→ Frage 6) gelegt.

So findet man als Grundlage für den Betrieb einer Einrichtung im SGB VIII (5. Sozialgesetzbuch, Ausschnitt s. Kasten) einen klaren Hinweis, dass eine Einrichtung überhaupt erst betriebsfähig ist, wenn ein Beteiligungsverfahren von Anfang an eingefügt ist. Damit ist Beteiligung aus der Beliebigkeit herausgenommen und ganz klar gesetzlich vorgegeben und kann so auch kontrolliert und abgefragt werden.

SGB V § 45 Erlaubnis für den Betrieb einer Einrichtung

[...]

(2) Die Erlaubnis ist zu erteilen, wenn das Wohl der Kinder und Jugendlichen in der Einrichtung gewährleistet ist. Dies ist in der Regel anzunehmen,

1. wenn die dem Zweck und der Konzeption der Einrichtung entsprechenden räumlichen, fachlichen, wirtschaftlichen und personellen Voraussetzungen für den Betrieb erfüllt sind,

2. die gesellschaftliche und sprachliche Integration in der Einrichtung unterstützt wird sowie die gesundheitliche Vorsorge und die medizinische Betreuung der Kinder und Jugendlichen nicht erschwert werden sowie

3. zur Sicherung der Rechte von Kindern und Jugendlichen in der Einrichtung geeignete Verfahren der Beteiligung sowie der Möglichkeit der Beschwerde in persönlichen Angelegenheiten Anwendung finden.

5 Was haben die Bildungspläne mit Partizipation zu tun?

Das Bild vom Kind, welches dem heutigen Bildungsverständnis zugrunde liegt, zeigt es deutlich: Eine kindzentrierte Haltung, die sich der Individualität des Kindes zuwendet, entspricht den Ansprüchen der modernen Gesellschaft. Ein hohes Maß an sozialer Kompetenz schafft emotionale Sicherheit. Diese benötigen Kinder heute in einer sich schnell verändernden Gesellschaft mit oft unklarem Beziehungsgefüge.

Am Beispiel des **Sächsischen Bildungsplanes** soll dies aufgezeigt werden. Soziale Interaktion kann mit sozialer Beteiligung gleichgesetzt werden, denn Interaktion kann nur erfolgen, wenn man in irgendeiner Form an etwas beteiligt ist. Beteiligung setzt Vertrauen ineinander und gegenseitige Achtung voraus.

Sie basiert auf der Erkenntnis,

- dass Mädchen und Jungen etwas zu sagen haben,
- dass man ihnen zuhören und sie ernst nehmen muss und darauf,

Grundsätzliches zu Rechten und Demokratie in unserer Gesellschaft

- dass ihnen Gelegenheiten gegeben werden, im Dialog mit anderen Kindern und Erwachsenen zu lernen, Entscheidungen, die das eigene Leben und das Leben der Gemeinschaft betreffen, zu teilen und gemeinsam Lösungen für Probleme zu finden. (Vgl. Sächsischer Bildungsplan 1995)

Auch in den Bildungsplänen der anderen Bundesländer findet dies in ähnlicher Form seinen Platz und wird so in den Kitas umgesetzt.

6 Was sind die rechtlichen Grundlagen der Partizipation?

Basierend auf den drei Säulen der UN-Kinderrechtskonvention,

- Schutz/protection,
- Förderung/provision und
- Partizipation/participation,

die die Kinderrechte zum Schwerpunkt haben, wird auch hier als grundsätzliche Haltung und Schwerpunkt Partizipation in den Mittelpunkt gerückt. Wichtig ist, sich dies immer wieder deutlich zu machen. Kinder zu beteiligen ist eben kein Verwöhn- oder Initiativprogramm von einzelnen Pädagogen, sondern mehrfach gesetzlich verankert und beschrieben.

Schutz/protection

ist z. B. das Recht des Kindes

- auf Wahrung seiner Identität (Artikel 8)
- auf Schutz vor willkürlicher Trennung von den Eltern (Artikel 9)
- auf Schutz der Privatsphäre und seiner Ehre (Artikel 16)
- auf Schutz vor Gewaltanwendung, Misshandlung und Verwahrlosung (Artikel 19)
- auf Schutz vor wirtschaftlicher und sexueller Ausbeutung (Artikel 32)

Förderung/provision

ist z. B. das Recht des Kindes

- auf Fürsorge und vorrangige Beachtung des Kindeswohls (Artikel 3)
- auf Leben, Überleben und Entwicklung (Artikel 6)
- auf medizinische Versorgung und gesundheitliche Vorsorge (Artikel 24)

Warum Partizipation? –

- auf soziale Sicherheit (Artikel 26)
- auf Unterhalt und angemessene Lebensbedingungen (Artikel 27)
- auf Schule, Bildung und Ausbildung (Artikel 28)
- auf Freizeit, Spielen und Kultur (Artikel 31)

Partizipation/participation

ist z. B. das Recht des Kindes

- auf Berücksichtigung seines Willens durch angemessene Mitsprache in allen seine Interessen berührenden Angelegenheiten (Artikel 12)
- auf freie Meinungsäußerung, Information und Zugang zu den Medien (Artikel 13 und 17)
- auf Vereinigungs- und Versammlungsfreiheit (Artikel 15)

Diese grundlegenden Aussagen sind im Alltag der Kita zu überprüfen und immer wieder zu reflektieren. Kinderrechte können ein jährlicher Bestandteil der Konzeptionsreflexion in jedem Team sein und somit in ihrer Aktualität sehr präsent werden.

Gesetze für die Partizipation von Kindern und Jugendlichen finden sich

im weiten Sinne

- im Grundgesetz § 1, Abs. 1: Die Würde des Menschen ist unantastbar.
- im BGB § 1631, Abs. 2: Kinder haben ein Recht auf gewaltfreie Erziehung. Körperliche Bestrafungen, seelische Verletzungen und andere entwürdigende Maßnahmen sind unzulässig. (Dies gilt auch für die Erziehung bei Fremdunterbringung.)

und im engeren Sinne

- im SGB VIII (KJHG) § 8, Abs. 1: Kinder und Jugendliche sind entsprechend ihrem Entwicklungsstand an allen sie betreffenden Entscheidungen der öffentlichen Jugendhilfe zu beteiligen.
- im SGB VIII (KJHG) § 9, Abs. 2: Bei der Ausgestaltung der Leistungen und der Erfüllung der Aufgaben sind die wachsende Fähigkeit und das wachsende Bedürfnis des Kindes oder des Jugendlichen zu selbständigem, verantwortungsbewusstem Handeln sowie die jeweiligen besonderen sozialen und kulturellen Bedürfnisse und Eigenarten junger Menschen und ihrer Familien zu berücksichtigen.
- im SGB VIII (KJHG) § 36, Abs. 1: Der Personensorgeberechtigte und das Kind oder der Jugendliche sind vor der Entscheidung über die In-

Grundsätzliches zu Rechten und Demokratie in unserer Gesellschaft

anspruchnahme einer Hilfe und vor einer notwendigen Änderung von Art und Umfang der Hilfe zu beraten und auf die möglichen Folgen für die Entwicklung des Kindes oder des Jugendlichen hinzuweisen. [...] Ist Hilfe außerhalb der eigenen Familie erforderlich, so sind die in Satz 1 genannten Personen bei der Auswahl der Einrichtung oder der Pflegestelle zu beteiligen. Der Wahl und den Wünschen ist zu entsprechen, sofern sie nicht mit unverhältnismäßigen Mehrkosten verbunden sind.

- in der UNO-Kinderrechtskonvention (von D 1992 ratifiziert), u. a.: Kinder haben das Recht, bei allen Fragen, die sie betreffen, mitzubestimmen und zu sagen, was sie denken. Kinder haben das Recht, sich alle Informationen zu beschaffen, die sie brauchen, und ihre eigene Meinung zu verbreiten.

z. B. im Berliner KitaFöG, TEIL I Allgemeines, Aufgaben und Ziele
§ 1 Aufgaben und Ziele der Förderung

(3) Die Förderung in Tageseinrichtungen soll insbesondere darauf gerichtet sein,

1. das Kind auf das Leben in einer Gesellschaft vorzubereiten, in der Wissen, sprachliche Kompetenz, Neugier, Lernenwollen und -können, Problemlösen und Kreativität von entscheidender Bedeutung sind,

2. das Kind auf das Leben in einer demokratischen Gesellschaft vorzubereiten, die für ihr Bestehen die aktive, verantwortungsbewusste Teilhabe ihrer Mitglieder im Geiste der Toleranz, der Verständigung und des Friedens benötigt und in der alle Menschen ungeachtet ihres Geschlechts, ihrer sexuellen Identität, ihrer Behinderung, ihrer ethnischen, nationalen, religiösen und sozialen Zugehörigkeit sowie ihrer individuellen Fähigkeiten und Beeinträchtigungen gleichberechtigt sind [...]

(5) Bei der Gestaltung des Alltags in der Tageseinrichtung sind den Kindern ihrem Entwicklungsstand entsprechende Mitwirkungsmöglichkeiten zu eröffnen.

Warum Partizipation? –

7. Gibt es einen Unterschied zwischen der Demokratie als Herrschaftsform und Gesellschaftsform und der Demokratie in der Kita?

Ja, diesen Unterschied gibt es und muss Pädagoginnen auch bewusst und diskutierbar sein.

Gerard Himmelmann unterscheidet drei Formen der Demokratie: Demokratie als Herrschafts-, Gesellschafts- und Lebensform (vgl. Himmelmann 2004, S. 7 ff.).

Im Hinblick auf diese Unterscheidung tritt die Demokratie als Herrschafts- und Gesellschaftsform im Erwachsenenalter in den Vordergrund. Die dritte Form der Demokratie, die Demokratie als Lebensform, ist die Demokratieform, die Kinder in früher Kindheit erleben sollten, um Grundlagen zu den aufbauenden Formen der Demokratie zu erfahren.

Wie drücken sich Herrschafts- und Gesellschaftsform konkret im Erwachsenenalter aus?

Demokratie als Herrschaftsform bzw. als repräsentativ organisierte Herrschaftsform

Diese Form wird erkennbar in den Menschen- und Bürgerrechten, der Bestellung der staatlichen Herrschaft durch Wahlen (Volkssouveränität), im Parlamentarismus sowie in der Gewaltenteilung (Kontrolle von Macht). Sie wird mit Beginn der 90er Jahre wieder stärker in die gesellschaftlich-politische Ebene verlagert und muss an dieser Stelle noch stärker verbreitet werden.

Demokratie als Gesellschaftsform

Unter diese Demokratietypisierung fallen der Pluralismus von Parteien, Verbänden und Bürgervereinigungen und der Verzicht auf Gewalt bei Auseinandersetzungen zu verschiedenen gesellschaftlichen Interessen sowie ein breites öffentliches Engagement der Bürger (Zivilgesellschaft).

Was bedeutet dies nun genau für den Alltag mit Kindern? An dieser Stelle wird die dritte Form von Demokratie interessant:

Grundsätzliches zu Rechten und Demokratie in unserer Gesellschaft

Demokratie als Lebensform

Dies bezieht sich darauf, den Alltag mit den Kindern zu leben und zu gestalten. Dazu gehören

- Selbstständigkeit und Selbstverantwortung,
- Gleichberechtigung,
- Konfliktfähigkeit,
- Eintreten für Werte der Demokratie.

Himmelmann beschreibt diese Form als eine „besondere Ausprägung der demokratischen Kultur, die besondere Form des sozialen Zusammenlebens der Menschen in einer Demokratie, letztlich die Demokratie als „soziale Idee", die auch als Alltagsdemokratie bekannt ist und damit noch stärker in der alltäglichen Lebenspraxis und damit sozialen Interaktion zum Tragen kommt.

Demokratie zeigt sich auch in der **Haltung** und der **Lebenspraxis** der Menschen. Kinder lernen am meisten durch Vorbilder. Diese Tatsache ist hinlänglich bekannt, wird aber nirgends so sehr deutlich wie im Zusammenleben und in der gemeinsamen Beteiligung aller am Alltag. Hier beobachten, vergleichen, hinterfragen Kinder und stellen zur Diskussion. Dies ist für manchen Erwachsenen oft schwer auszuhalten.

Ein Beispiel: In einer Feierstunde zur Eröffnung einer Kita bekamen die neuen Kolleginnen Blumen und gute Wünsche auf den Weg. Ein kleiner Junge stellte die Frage laut in die Stille hinein, weshalb er denn keine Blume bekommen würde, er ginge da doch auch jeden Tag hin. Natürlich schmunzelten alle darüber ... Wird hier vielleicht deutlich, wie sehr Erwachsene sich doch nur selbst sehen?

Sich also selbst in den Blick zu nehmen und keine Angst zu haben, dass Kinder den Alltag bestimmen, hat immer wieder etwas mit Abgeben-Können von Kontrolle und Macht zu tun.

Fragen und Antworten zu:

Entscheidungskompetenzen der Kinder – Grundlagen zu Demokratie und Partizipation in der Kita

Grundlagen zu Demokratie und Partizipation in der Kita

8. Was heißt also Demokratie für die Kita?

Demokratie in der Kita (→ Frage 7) bedeutet, die eigene Haltung zu partizipativen Prozessen zu beobachten, sich auf den Alltag der Kinder einzulassen, mit Kindern ein demokratisches Leben möglich zu machen und sie zu unterstützen, ihre eigenen Lösungen zu finden. Es umfasst damit die Entwicklung einer Persönlichkeit bzw. das Zulassen einer persönlichen Haltung, d. h. das Interesse, sich einzumischen und erfahrene Werte weiterzugeben. Eine solche Entwicklung erfordert durchdachte pädagogische Methoden und Strukturen, die dies nicht nur sehen, sondern aktiv unterstützen.

Erwachsene geben ihre Macht (→ Frage 43) ab und Kinder erhalten ihrem Alter entsprechende verlässliche **Entscheidungskompetenzen** in klar abgesprochenen, altersentsprechend überschaubaren, sinnvoll strukturierten und immer wieder mit den Kindern besprochenen Kompetenzbereichen, die unabhängig von der Person der Erzieherin und von deren Tagesform im Alltag der Kita verankert sind. So sollte z. B. jedes Kind das Recht haben zu entscheiden, ob und was und wie viel es isst, mit wem und welchem Material es spielt und ob es am Morgenkreis teilnimmt oder nicht. Dabei hängen die Umsetzung und das Leben demokratischer Prozesse immer wieder maßgeblich von der Person und Haltung der einzelnen Pädagogin ab. Demokratische Strukturen können nicht von Menschen vorgelebt werden, die in ihrer Person selbst diesbezüglich mit Problemen behaftet sind. Diskussionen in Teams, fachliches Hinterfragen der eigenen Haltung und der Haltungen der Kolleginnen im Team werden hier zur großen Thematik, die gelebt und durch Führungspersönlichkeiten reflektiert werden muss. Der Blick zum Kind, *aus der Sicht des Kindes,* nicht der Blick der Erwachsenen *auf* das Kind, ist hier maßgeblich. Partizipation ohne kindzentrierte Pädagogik zu leben, ist daher schier unmöglich.

9. Was bedeutet es, das Kind und seine Entwicklung im Mittelpunkt zu sehen?

Entwicklungspsychologisch gesehen ist die frühe Kindheit die intensivste Lern- und Entwicklungszeit. Beziehungs- und Bindungsaufbau, Sprache, Motorik, Kognition, soziale Kompetenzen – egal, welche Entwicklungsbereiche

Entscheidungskompetenzen der Kinder –

betrachtet werden: Hier werden die Grundlagen gelegt, die sich später individuell weiterentwickeln. Auch wenn kein Kind dem anderen gleicht, durchlaufen sie doch alle ähnliche Entwicklungen – in ihrem eigenen, individuellen Tempo. Kinder benötigen daher Erwachsene, die feinfühlig und sensibel und immer wieder sich selbst reflektierend die Kinder in diesem Lebensabschnitt begleiten.

Ein Beispiel: Kurt lernt gerade laufen. Er kann schon drei Schritte und verbringt den Vormittag damit, strahlend auf seine Erzieherin zuzulaufen und dann in ihre Arme zu sinken. Zuhause hat er schon seit einer Woche diese Fertigkeit geübt und in der Kita ist es ihm an diesem Tag zum ersten Mal gelungen. Seine Entwicklung steht jetzt im Mittelpunkt der Aufmerksamkeit der Pädagogin, und sie beteiligt die anderen Kinder, indem sie sie darauf aufmerksam macht. Alle freuen sich an diesem Tag mit Kurt!

10 Was bedeutet es für die soziale Entwicklung der Kinder, wenn sie beteiligt werden?

Um in einer sich stetig verändernden Gesellschaft bestehen zu können, benötigen Kinder ein hohes Maß an **sozialen Kompetenzen.** Durch Partizipation werden diese Kompetenzen immer wieder geübt, verfeinert und damit gefestigt, denn die Kinder lernen, sich eine Meinung zu etwas zu bilden, diese Position zu formulieren, aber auch abzuwarten, wenn andere sich gerade dazu äußern und damit umzugehen, wenn andere eine andere Meinung haben. Die sozialen Kompetenzen bereiten das Kind auf das Leben vor und bilden daher den Schwerpunkt der pädagogischen Arbeit.

Die folgende Aufzählung macht deutlich, welche sozialen Kompetenzen bei der Partizipation im Mittelpunkt stehen und für das pädagogische Angebot besonders relevant sind.

Die Entwicklung der sozialen Kompetenzen …

- … fördert kommunikative Kompetenzen wie reden und zuhören, argumentieren, aussprechen lassen und das Gehörte aufzugreifen und weiterzuführen.

Grundlagen zu Demokratie und Partizipation in der Kita

- … fordert Toleranz und den Umgang mit Frustration.
  Beim Spiel mit anderen Kindern bedeutet dies z. B. ein anderes Spieltempo zu akzeptieren, andere Ideen zu respektieren, abzuwarten, abzusprechen und die eigene Erwartung zurückzustellen.

- … stärkt die Selbstbildungsprozesse.
  Lernen durch eigene Erfahrung ist am nachhaltigsten. Ein Kind spürt: Wenn ich mitarbeite, mitdenke, mitentwickle an einem Turm/einem Bild und mich mit meinen Freunden austausche, bin ich beteiligt und spüre mich auch selbst in meinem Tun.

- … fördert soziale Kompetenzen wie Selbstwert und Selbstvertrauen, Team- und Kooperationsfähigkeit.
  Wenn ein Kind z. B. spielen kann, ohne ständig von alltäglichen Routinen unterbrochen zu werden, erfährt es Respekt durch die genaue Beobachtung der Erzieherin, die sieht, wie vertieft es in sein Spiel ist.

- … fordert Perspektivwechsel.
  Kinder können Ort und Spielmöglichkeit in ihrem Kita Alltag frei wählen und stellen fest, dass dies mit anderen Kindern und deren Bedürfnissen kollidiert. Nun gilt es, gemeinsam zu überlegen, wie die Spielsituation mit Rücksicht auf alle Beteiligten weitergehen kann. Ein anderes Beispiel ist die gemeinsame Planung für ein Fest, bei der überlegt werden soll, wie es auch anderen Menschen gefallen könnte.

- … fordert konstruktive Konfliktbewältigung.
  Das heißt Konflikte nicht *für* Kinder, sondern *mit* Kindern lösen; nicht die Lösung im Blick haben, sondern den nächsten Schritt; Kinder ihre eigenen Wege suchen lassen; sich Zeit zu lassen, einen Konflikt zu reflektieren.

- … lässt Kinder sich als selbstwirksam erleben.
  Kinder erleben so, dass sie etwas bewirken können, dass ihr Tun einen Sinn hat und sie sich selbst spüren. Dies schafft Erfolgserlebnisse und fördert die Zufriedenheit.

- … fördert die moralische Entwicklung von Kindern.
  Moral ist die Gesamtheit von ethisch-sittlichen Normen, Grundsätzen und Werten, die das zwischenmenschliche Verhalten einer Gesellschaft regulieren, die von ihr als verbindlich akzeptiert werden (Duden 2015). Moral heißt in diesem Zusammenhang gut und böse, richtig und falsch für sich zu entdecken. Es bedeutet auszuprobieren und Korrekturen von

Entscheidungskompetenzen der Kinder –

anderen Kindern und Erwachsenen zu erfahren. In Beteiligungsprozessen geschieht genau dies.

11 Was geschieht, wenn Demokratie gelebt wird?

Wenn Kinder aktiv und selbstwirksam an der Gestaltung ihrer Umgebung teilhaben, wenn sie bei Entscheidungen, die sie und ihr Umfeld betreffen, mitüberlegen, mitreden, mitgestalten und mitbestimmen, dann tragen sie zur Stärkung von demokratischen Strukturen bei. Kinder und Jugendliche können komplexe technische, wirtschaftliche oder rechtliche Zusammenhänge oft noch nicht richtig einschätzen. Dafür bringen Kinder andere Kompetenzen mit, die viele Erwachsene nicht (mehr) in gleichem Maß besitzen: Fantasie, Kreativität, Spontanität und Begeisterungsfähigkeit. Wenn aus Kindern und Jugendlichen, so wie es gesellschaftlich oft eingeklagt wird, aktive, engagierte und politisch denkende Menschen werden sollen, stellt eine demokratische Beteiligung von klein auf die Basis dafür her.

Ernst gemeinte Partizipation von Kindern und Jugendlichen ist eine Grundhaltung von Pädagogik und von Politik. Die Beteiligung von Kindern und Jugendlichen beginnt in den Köpfen der Erwachsenen. Sie müssen die entsprechenden Beteiligungsmöglichkeiten (→ Fragen 47–55) einräumen. Dann können Kinder und Jugendliche gestalterische und politische Handlungsmöglichkeiten erfahren sowie soziale Kompetenzen erwerben. Wichtig ist, dass Fragestellungen und methodische Vorgehensweisen dem Alter der Beteiligten angepasst werden.

Bei der Partizipation von Kindern und Jugendlichen geht es um gemeinsames Handeln, Planen und Mitentscheiden im Alltag, z. B. bei der Gestaltung von Lebensräumen oder von Antidiskriminierungsmaßnahmen. Kinder und Jugendliche zu beteiligen heißt auch, sie zu aktivieren. Die Folgen dieses Aktivierungsprozesses können für Erwachsene unbequem sein, denn aktive Jugendliche sind in der Lage, Wünsche und Bedürfnisse zu äußern und Veränderungen in ihrer Welt zu bewirken. Die Grundlagen hierfür werden in der frühen Kindheit entwickelt (→ Frage 10).

Grundlagen zu Demokratie und Partizipation in der Kita

12 Was sind die Erfolgsfaktoren für Partizipation von Kindern?

- Kinder benötigen verlässliche und vertrauensvolle sowie verfügbare **Beziehungen** und Erwachsene, die ihnen mit ihrer Persönlichkeit zur Seite stehen und sie ernst nehmen. Bitte überprüfen Sie sich selbst und ihr Team in regelmäßigen Abständen. Reflexion, auch von außen durch Supervision oder Teamcoaching, hilft dem Team, den Blick auf Kinder immer wieder neu zu schärfen und vertrauensvolle, verlässliche und verfügbare Beziehungen einzugehen.
- Die **Räume** bieten vielfältige Anregungen und damit verbunden Anreize, selbst auszuprobieren, zu gestalten und zu überlegen, sich mit Materialien zu befassen. Räume als interessant und anregend zu sehen, ist inspirierend und schafft spannende Spielthemen.
- Die **Zeit** spielt eine maßgebliche Rolle. Kinder, die immerzu unterbrochen werden, die vom Frühstück in zahlreiche Angebote, danach in den Garten, zum Mittagessen, zur Entspannungsphase, danach nach Hause geholt und dort auch wieder mit Fremdangeboten versorgt werden, haben keine Zeit, sich selbst zu finden, ihre Interessen zu leben und so auch ihre Persönlichkeit zu entwickeln. Sie werden abhängig von den Ideen der Erwachsenen und können kein Durchhaltevermögen oder Motivation entwickeln. Kindheit muss geprägt sein von ausreichend freier Zeit und selbstgewählten Spielformen, um sich selbst zu entdecken.
- Ebenso wichtig ist die Erfahrung von **Selbstwirksamkeit,** d. h. die Überzeugung, dass man in einer bestimmten Situation die angemessene Leistung erbringen kann.

Ein Beispiel: Vier Kinder sind in der Sandkiste und versuchen, einen Tunnel zu bauen. Doch immer wieder fällt das Bauwerk in sich zusammen. Dann hat ein Mädchen die Idee, Blätter von dem nahegelegenen Baum zu holen und die Wände auszulegen, um so Stabilität zu erzeugen. Auch das gelingt nicht zufriedenstellend, so dass immer weiter überlegt wird und die vier Kinder bald nur noch miteinander reden und das Bauwerk in den Hintergrund gerät. Nach eingehender Diskussion wird Wasser geholt, die Blätter werden nochmals herausgeholt und ein Teil des Sandes angefeuchtet – mit dem Ergebnis, dass der Tunnel hält.

Die Kinder waren überzeugt davon, dass dieses Problem lösbar sei, aber sie benötigten Zeit und den Zugang zum Material, und es gelang ohne das Eingreifen der Erzieherin.

Entscheidungskompetenzen der Kinder –

13 Kinder sind kompetent und aktiv! Wie können Erzieherinnen das fördern?

Kinder sind von klein auf mit Lern- und Entwicklungskompetenzen ausgestattet und wollen die Welt entdecken. Sie haben von Beginn ihres Lebens an eine eigene Persönlichkeit und sind damit sozial kompetente Partner. Diese Grundlage entwickelt sich in den nächsten Jahren individuell und oft ohne Zutun anderer weiter. Dieser Blick auf Individualität statt auf Konformität (ein Dreijähriges muss das oder jenes können, ein Vierjähriges dies …) setzt sich mancherorts schwer durch, da auch Eltern oft in Vergleichssituationen sind. Doch es bedeutet nicht den Verzicht des Blickes auf Entwicklungsstufen, sondern vielmehr den Blick auf Entwicklungsaufgaben, die Kinder in der von ihnen gewählten Reihenfolge vollziehen. Ein Kind lernt früher sprechen, das andere Kind früher laufen. Erwachsenen haben die Chance, dies zu beobachten und entsprechende Unterstützung anzubieten. In diesem Kontext gelingt es am natürlichsten, wenn Kinder am Alltagsleben von Erwachsenen immer wieder beteiligt sind, z. B. beim Kochen, Aufräumen oder gemeinsamen Planen von Festen und Ausflügen.

Wissen, Erfahrungen, Fertigkeiten usw. lassen sich nicht übertragen, nicht vermitteln. Kinder brauchen ihre **eigenen Erfahrungen** durch ihr eigenes Tun.

14 Was macht Partizipation von Kindern so besonders?

Kinder sind abhängig von Erwachsenen und in ihren Wahlmöglichkeiten eingeschränkt. Dies bedeutet, dass die Verantwortung für sie tatsächlich bei uns liegt und wir stets reflektieren müssen, ob wir uns dieser Verantwortung bewusst sind und im Sinne der Kinder handeln, denn das Recht auf Würde, auf Freiheit und freie Entfaltung der Persönlichkeit gilt auch für Kinder.

Erwachsene haben den verantwortungsvollen Auftrag, die „Anwälte" der Kinder zu sein, ggf. auch Kinder gegen andere Erwachsene zu verteidigen. Der Zwiespalt, der sich hier dann und wann auch zwischen Pädagoginnen und Eltern auftut, kann nur durch eine gute Kommunikation bearbeitet

Grundlagen zu Demokratie und Partizipation in der Kita

werden. Der gemeinsame Blick richtet sich auf das Kind, es geht nicht um die persönliche Bewertung der Eltern oder der Pädagoginnen. Gesetze, die für Erwachsene gelten, sind auch für Kinder gültig. Rein intellektuell ist das für alle nachvollziehbar und sicher auch gewünscht. Im Alltag wird es oft schwierig: Was geschieht, wenn Kinder Essen sortieren oder nicht an der Ruhephase teilnehmen möchten? Oder wenn sie allzu laut ihre Bedürfnisse äußern, wir sie dann als störend empfinden und oft ihre Signale nicht decodieren können?

Kinder haben das Recht auf besonderen Schutz und besondere Förderung (→ Frage 6). Manche Kinder sind anders, mit Handicaps versehen oder in ihrem Verhalten schwer verstehbar. Erwachsene sind dafür verantwortlich, dass die Kinder angemessene Unterstützung erhalten.

Fragen und Antworten zu:

So geht es – Gelebte Partizipation in der Kita

Gelebte Partizipation in der Kita

15 Wie gelingt Partizipation in der Kita?

Beteiligung von Kindern unter drei Jahren

Ein Beispiel: Ben (11 Monate) kommt neu in die Kinderkrippe. Gemeinsam mit seiner Mutter ist er den ersten Tag da. Frau A. ist die Erzieherin, die mit ihm die Eingewöhnung gestalten soll. Wie verabredet und in ihrem langjährigen Berufsleben schon mehrmals geübt, sitzt sie auf dem Boden, beobachtet Mutter und Kind, lässt beiden Zeit. Sie hat, weil die Eltern ihr das verraten haben, einen roten Ball für Ben als Anreiz vor sich hingelegt.

In diesem Moment kommt Frau E. ins Zimmer. Ben strahlt sie an und krabbelt sofort zu ihr hin. In den nächsten Tagen wird deutlich, dass Ben, sobald Frau E. erscheint, wesentlich zugänglicher, entspannter und auch fröhlicher wirkt. Natürlich beschenkt er auch Frau A. mit einem Lächeln, aber wirklich gelöst wirkt er, wenn Frau E. in der Nähe ist. Diese Beobachtungen tauschen die Kolleginnen im Team aus und in Absprache mit der Mutter und nach vielen kleinen und großen Organisationsweichen, die gestellt werden müssen, begleitet nun Frau E. die Eingewöhnung von Ben weiter.

Ben war an seinem Start in der Kita beteiligt. Seine Signale wurden gesehen und verstanden, die Erwachsenen waren bereit, darauf zu reagieren. Kinder unter drei Jahren kommen nicht mit Argumenten, Sätzen oder gar Anträgen. Sie zeigen dennoch sehr deutlich, was sie wollen. Die Beteiligung der Kleinsten erfolgt ohne Verzug und für alle verstehbar.

Ein Beispiel: In einer Krippengruppe haben Erzieherinnen große Fotos von den drei Räumen gemacht, die die drei Krippengruppen nebeneinander nutzen. Auf dem einen Foto ist die Puppenküche zu sehen, auf dem anderen die Bausteine und auf dem dritten der Sinnesraum. Die Erzieherinnen legen den Kindern die Fotos hin und die Kinder zeigen, in welchem Raum sie spielen möchten. Edgar, 2¼ Jahre, macht sich zusammen mit drei anderen Kindern und der Erzieherin auf den Weg in den Sinnesraum. Dabei müssen sie den langen Flur entlang gehen. Aus Versehen läuft Edgar in die falsche Richtung, bleibt stehen, schüttelt den Kopf und geht zielgerichtet in den Sinnesraum. Strahlend begibt er sich sofort in das Dreieck mit den unterschiedlichen Spiegeln.

Edgar konnte selbst entscheiden und war so aktiv an der Gestaltung seines Alltags in der Krippe beteiligt. Natürlich benötigt er die Unterstützung der Erwachsenen. Die Sicherheit und Zufriedenheit, die Edgar durch diese

So geht es –

Selbstbestimmung erhält, sind für ihn ein großer Gewinn in seiner Persönlichkeitsentwicklung.

Kinder unter drei Jahren äußern sofort, wenn sie sich unwohl fühlen und am Alltag mitentscheiden möchten. Meist geschehen diese Äußerungen lautstark oder nonverbal, indem sie sich umdrehen, wegschauen oder bestimmte Dinge wegschieben, da sie noch keine Argumente formulieren können. Kinder nutzen die ihnen zur Verfügung stehenden Mittel. Das ist für uns oft problematisch, denn wir müssen gute Übersetzungsarbeit leisten, damit wir sie wirklich verstehen. Eine gute Pädagogin ist also in einem demokratischen Prozess auch noch eine Detektivin und darf sich vor allem nicht persönlich angegriffen fühlen. Einfühlungsvermögen, Feinfühligkeit und eine gute Beobachtungsgabe sowie die Fähigkeit, sich als Person zurückzunehmen, sind Eigenschaften, die es ermöglichen, Beteiligung im Alltag der Kleinen zu leben. (Vgl. Ostermayer 2013)

Kein Kind, vor allem kein kleines Kind, plant ein gegen die Pädagogin ausgerichtetes Verhalten. Dazu sind Kinder – auch wenn wir es ihnen manchmal unterstellen – nicht in der Lage. Sie können sich noch nicht in den Erwachsenen einfühlen, eine Perspektivübernahme vollziehen und so Dinge vorsätzlich tun. Es ist für sie ein immerwährendes Ausprobieren, eine Chance, sich selber kennenzulernen, aber auf keinen Fall ist es Vorsatz. Dies müssen sich Pädagoginnen auch immer wieder bewusst machen, um so aus einer gesunden fachlichen Distanz und nicht aus persönlicher Betroffenheit zu reagieren.

In engem Zusammenhang zur Beteiligung von Kindern steht selbstverständlich die Förderung der Selbstständigkeit, z. B. indem Zweijährige entscheiden, welches Besteck sie nutzen möchten und ihre individuellen Erfahrungen damit machen.

Beteiligung von Kindern von drei bis sechs Jahren

Ein Beispiel: In der Kita Wiesenhaus soll neues Spielzeug gekauft werden. Die Kitaleiterin hat dafür eine Spende über 200 Euro bekommen. Gemeinsam mit den Drei- bis Fünfjährigen setzt sie sich zusammen und erzählt den Kindern davon. Sie fordert die fünf unterschiedlichen Kindergruppen auf, jeweils zwei Kinder zu bestimmen und diesen Kindern die Wünsche der Gruppenkinder mit auf den Weg zu geben, um mit der Leiterin gemeinsam zu überlegen, wofür das Geld sinnvoll eingesetzt werden könnte. Nach einer Woche treffen sich die zehn Kinder mit der Kitaleiterin und einer Erzieherin. Alle haben sich schon Gedanken gemacht und es wird eine große Liste

Gelebte Partizipation in der Kita

gestaltet mit allen Wünschen, die sich natürlich auf mehrere 1000 Euro summieren. Die Liste wird dann von den Kindern und der Erzieherin, die in der Gruppe beteiligt sind, mit den Preisen in Katalogen und im Internet verglichen. Dies dauert mehrere Tage. Voller Eifer sind die Kinder jeden Tag bei der Sache. In der Mitte der Woche erscheint ein Spielzeugvertreter, der versucht, die Kinder in ihrem Prozess zu beeinflussen. Die Erzieherinnen kommunizieren klar, dass dies ein Prozess der Kinder ist und der Vertreter muss mit leeren Bestellformularen gehen. In der dritten Woche entscheiden sich die Kinder nach langem hin und her für qualitativ hochwertige Buntstifte. Diese Buntstifte werden nun von der Leiterin bestellt. Der Tag, an dem die Buntstifte geliefert werden, bringt viel Aufregung und Freude in die Kita. Im Kreativraum wird von allen Kindern ein Regal für diese Buntstifte freigeräumt. Die Erzieherinnen sind sehr gespannt, wie achtsam die Kinder mit den Stiften umgehen. Und es ist tatsächlich so, dass die Kinder, die an dem Kaufprozess beteiligt waren, mit den anderen Kindern ins Gespräch gehen und „ihre" Stifte sehr achtsam behandeln und dies auch von anderen Kindern fordern.

Nun mag man denken, es sei nicht immer möglich, Kinder in diesem Alter so zu beteiligen, so Demokratie zu üben. Aber genau dieses kleine Beispiel macht deutlich, wie einfach und zielgerichtet Kinder in diese Entscheidungsprozesse einbezogen werden können.

16 Wie gelingt Partizipation von Kindern ab sechs Jahren?

Ferien sind für Kinder eine wichtige Zeit, die gern von Erwachsenen mit ihren Plänen und Vorstellungen für eine sinnvolle Freizeitgestaltung belegt werden. Kinder haben aber meist sehr genaue Vorstellungen, was in den Ferien aus ihrer Sicht zu passieren hat. Die Beteiligung an der Ferienplanung ist gerade deshalb für diese Altersgruppe von großer Bedeutung: ernst zu nehmende Beteiligung und echte Entscheidungsmöglichkeiten (siehe Stufen der Beteiligung nach Roger Hart & Wolfgang Gernert).

1. Fremdbestimmt, Manipulation statt Beteiligung: Sowohl Inhalte als auch Arbeitsformen und Ergebnisse eines Projektes sind hier fremd definiert. Die teilnehmenden Kinder und Jugendlichen haben keine Kenntnisse der Ziele und verstehen das Projekt selbst nicht (Beispiel: Plakate auf einer Demonstration tragen).

2. Dekoration: Kinder und Jugendliche wirken auf einer Veranstaltung mit, ohne genau zu wissen, warum sie dies tun oder worum es eigentlich geht (Beispiel: Singen oder Vortanzen auf einer Erwachsenenveranstaltung).

3. Alibi-Teilnahme: Kinder und Jugendliche nehmen an Konferenzen teil, haben aber nur scheinbar eine Stimme mit Wirkung. Sie entscheiden jedoch selbst, ob sie das Angebot wahrnehmen oder nicht (hierunter können Vereinsveranstaltungen, Stadtteilgremien, aber auch Kinderparlamente fallen).

4. Teilhabe: Kinder und Jugendliche können ein gewisses sporadisches Engagement der Beteiligung zeigen (Beispiel: wie Punkt 3 – nur mit erweiterten Teilhabemöglichkeiten).

5. Zugewiesen, aber informiert: Ein Projekt ist von Erwachsenen vorbereitet, die Kinder und Jugendlichen sind jedoch gut informiert, verstehen, worum es geht, und wissen, was sie bewirken wollen (Beispiel: Schulprojekte zu unterschiedlichen Themen).

6. Mitwirkung, indirekte Einflussnahme durch Interviews oder Fragebögen: Bei der konkreten Planung und Realisation einer Maßnahme werden Kinder und Jugendliche angehört oder befragt, haben jedoch keine Entscheidungskraft (Beispiel: Projekte kommunaler Stadtteilentwicklung).

7. Mitbestimmung, Beteiligungsrecht: Kinder und Jugendliche werden tatsächlich bei Entscheidungen einbezogen. Die Idee des Projektes kommt von Erwachsenen, alle Entscheidungen werden aber gemeinsam und demokratisch mit den Kindern und Jugendlichen getroffen (Beispiel: Projekte kommunaler Stadtteilentwicklung mit verankerten Beteiligungsrechten).

8. Selbstbestimmung: Auf dieser Stufe wird z. B. ein Projekt von den Kindern und Jugendlichen selbst initiiert. Diese Eigeninitiative wird von engagierten Erwachsenen unterstützt oder gefördert. Die Entscheidungen treffen die Kinder und Jugendlichen selbst; Erwachsene werden ggf. beteiligt und tragen die Entscheidungen mit.

9. Selbstverwaltung, Selbstorganisation: Kinder und Jugendliche haben völlige Entscheidungsfreiheit über das Ob und Wie eines Angebotes und handeln aus eigener Motivation. Entscheidungen werden den Erwachsenen lediglich mitgeteilt (Beispiel: Jugendverband).

Gelebte Partizipation in der Kita

Größere Kinder haben oft Vorstellungen, die nicht mit denen der Erwachsenen konform gehen. Das heißt sie wollen einen ganzen Tag spielen, abhängen, mit Freunden zusammen sein und frei ihren eigenen Ideen nachgehen. Weil Kinder verschiedene Wünsche haben, können sie hier gut erfahren, sich in andere hineinzuversetzen und Kompromisse einzugehen. Das Aushandeln des Ferienprogramms ist meist ein intensiverer Prozess als das Erlebnis an sich.

Ein Beispiel: In einem Hort haben Kinder entschieden, dass zwei Tage in den Ferien nur Monopoly gespielt wird. Alle Kinder, die wollen, können sich an diesem Monopoly-Marathon beteiligen. Die Erzieherinnen haben sich bereit erklärt, mitzuspielen und das langwierige Spiel mit den Spielgruppen auch zu Ende zu bringen. Eine Erzieherin erklärt sich für den Rest der Gruppe verantwortlich. In der Abfrage nach den Ferien erklärten die Kinder die Monopoly-Tage als die schönsten Tage ihrer Ferien.

Wie hängen Bildung und Partizipation zusammen?

Ein Beispiel: In der Kita Einstein beginnen die Jungen, einen Turm zu bauen, der die Decke des Kitaraumes erreichen soll. Vier Tage wird immer wieder an diesem Turm gebaut. Die dafür extra herbeigeschaffte Leiter wird von der Erzieherin gehalten und von den Kindern genutzt, um den Turm ganz hoch zu bauen. Beim Mittagessen wird diskutiert, wer welche Aufgabe hat, und dass diese Kinder keine Zeit haben, an anderen Dingen in der Kita teilzunehmen, denn der Turm hätte Vorrang. Die Mädchen sind sauer, da sie seit Tagen den Bauraum nicht benutzen können und gern an der Aktion beteiligt wären. Die Erzieherin schlägt vor, dass sich Jungen und Mädchen zusammensetzen, um diese Situation zu besprechen. Die vier- bis sechsjährigen Kinder treffen sich im Atelier und nach einigen Unmutsäußerungen schaltet sich die Erzieherin in das Gespräch ein und erinnert an die bereits vorhandenen Gesprächsregeln der Gruppe und fragt nach, ob sie das Gespräch begleiten soll. Die Kinder stimmen der Moderation der Erzieherin zu. Dies ermöglicht, dass die Kinder die verschiedenen Sichtweisen darstellen und begründen können. Dabei wird die Idee entwickelt, dass die Jungs fünf Wochentage im Bauraum sein dürfen und die Mädchen ebenso fünf Tage den Bauraum besetzen dürfen. Gekennzeichnet wurde dies mit durchgestrichenen Tagen im Kalender, von den Mädchen in Rosa und von den Jungen in

So geht es –

Blau. Mit dieser Lösung scheinen zunächst einmal alle zufrieden zu sein. Die Erzieherin notiert mit den Kindern das Ergebnis auf einem Papierbogen und hängt diesen unter den Kalender. Der Unmut der Kinder scheint sich aufzulösen. Nach zwei Tagen werden die Mädchen unruhig. Sie wollen mit in den Bauraum, obwohl die Entscheidung bzw. Problemlösung anders ausgefallen ist. Nun muss nachverhandelt werden. Wieder moderiert die Erzieherin das Gespräch und fragt noch einmal deutlich nach dem Anliegen. Die Mädchen erklären, dass sie gern mit den Jungs spielen möchten. Nun wird wieder neu überlegt. Ein Zufall kommt der Gruppe zu Hilfe: Die Sonne scheint durch das Fenster und auf der Wand erscheint der Schatten des Turmes. Die Mädchen schlagen vor, dass sie ihn auf die Tapete malen könnten und so ihren Turm ausmalen, während die Jungs weiter bauen. Die Erzieherin empfiehlt dabei, doch Papier an die Wand zu kleben, um dann den Turm abzuzeichnen. Dieser Vorschlag wird akzeptiert.

Dieses Beispiel zeigt eine Möglichkeit der Beteiligung, die auch einen großen Anteil von Bildung für die teilnehmenden Kinder ermöglicht. Hier geht es im Prinzip nicht darum, Kindern Macht über den Alltag zu geben, sondern es geht darum, ihre unterschiedlichen Bedürfnisse und Anliegen immer wieder neu ernst zu nehmen. Die Pädagogin verändert ihre Rolle (→ Fragen 18, 41 und 42). Sie ist nicht mehr die Richterin, die entscheidet, was richtig und falsch ist, oder die weise Frau, die stets die richtigen Entscheidungen der Erwachsenen trifft, sondern sie lässt sich auf die Diskussion mit den Kindern ein. Eine Entscheidung auf Erwachsenenebene zu treffen, hätte die Situation sicherlich entlastet und verkürzt. Die Kinder hätten hier aber nicht die Chance bekommen, ihre eigenen Problembewältigungsstrategien zu kreieren und etwas wirklich Neues entstehen zu lassen und danach zu leben. Ebenso ist die Chance der Reflexion und die Weiterentwicklung der Problemlösung ein kreativer Ansatz, der selbst von Erwachsenen nicht vorhergedacht werden kann.

18 Welche Rolle spielt die Erzieherin in einem demokratischen Prozess?

Die Erzieherin übernimmt die **Rolle der Begleiterin und der Moderatorin.** Sie unterstützt die Kinder auf dem Weg zur eigenen Problemlösung und setzt mit ihrer dialogischen Haltung und ihrer Neugierde, ihrem Interesse

Gelebte Partizipation in der Kita

einen Prozess in Gang, der frei ist von Vorstellungen, was gut für die Kinder sei. Sie ermöglicht den Kindern so, ihr Handeln zu reflektieren und ihre eigenen Lösungen zu finden bzw. zu gestalten. Um Kinder in demokratischen Prozessen zu begleiten, braucht es also Erwachsene, die Kindern etwas zutrauen, die eine fehlerfreundliche Umgebung für Kinder schaffen, die sich auf aktuelle Themen der Kinder einlassen, die Humor haben und die Entscheidungen von Kindern aushalten können.

Grundsätzlich gibt es mittlerweile eine Einigung in der wissenschaftlichen Debatte, dass frühe Bildung in erster Linie **Selbstbildung** ist. Das bedeutet den Abschied von der Vorstellung, dass nur Erwachsene Kinder bilden können. Kinder bilden und entwickeln sich selbst, indem sie sich mit sich selbst und anderen intensiv auseinandersetzen. So kommen sie selbsttätig zu den Erkenntnissen ihres eigenen Weltbildes. Kinder, die beteiligt sind, werden somit zu Akteuren ihrer eigenen Bildungsziele und -prozesse. Auftrag der Erwachsenen ist es, diese Wege ernst zu nehmen und verlässlich und liebevoll zu begleiten. Dazu müssen Erwachsene einen Perspektivwechsel vornehmen, Entscheidungsprozesse aus der Sicht der Kinder sehen und dabei ihre eigene Rolle überdenken bzw. neu definieren. Sie lassen sich fragend, interessiert und engagiert auf die Themen der Kinder ein und vertrauen darauf, dass Kinder ihre eigenen spannenden Themen entdecken. Es geht nicht darum, zu wissen, was am Ende herauskommt, sondern Begleiter, Unterstützer und Freund auf einem Weg zu sein, der zum Ausprobieren und Versuchen einlädt. Dies bietet die große Chance für Erwachsene, neugierig zu sein bzw. zu werden.

19 Wie offiziell muss Beteiligung von Kindern sein?

Beteiligung von Kindern in der Kita ist informell. Es geht um die Wertschätzung der Äußerungen von Kindern, in denen die Kultur der Demokratie deutlich wird. Grundsätzlich geht es um die respektvolle Wahrnehmung jedes einzelnen Kindes. Selbstverständlich gibt es auch die Beteiligung in Kinderparlamenten oder beim Morgenkreis etc., aber zuerst kommt die selbstverständliche Beteiligung jedes Kindes.

Es ist Detektivarbeit, gemeinsam mit den Kindern ihre Interessen zu erforschen, aber auch gelebte Demokratie und gelebter Respekt. Und es ist loh-

So geht es –

nenswert für Sie als Pädagogin, denn so lernen Sie sich und das Kind noch besser kennen. Sie können sich in diesem Zusammenhang sicher sein, dass sich die Beziehung zwischen Ihnen und dem Kind zum Positiven verändern wird.

Je offener die Haltung der Pädagoginnen dem Kind gegenüber ist und je mehr es ihnen gelingt, das Tun der Kinder als für sie und andere als bedeutungsvoll zu erkennen, desto mehr rückt Demokratie in den Fokus der Arbeit.

20 Können oder müssen Kinder an allen Entscheidungsprozessen beteiligt werden?

Prinzipiell ist das natürlich möglich und es geschieht auch in vielen Einrichtungen – ohne dass viel darüber gesprochen wird –, dass die Belange der Kinder in vielen Prozessen berücksichtigt werden.

Es geht aber tatsächlich noch um etwas anderes, nämlich sich als Pädagogin zu überlegen: Kann und will ich diesen Prozess in die Hände der Kinder legen? Ist es sinnvoll und förderlich für die individuelle Entwicklung des Kindes, wenn ich die Entscheidung in die Hände des Kindes lege? Hat das Kind einen Gewinn davon?

Ein Beispiel: Ein Team hat sich überlegt, die Organisation des Abschlussfestes der größeren Kinder in deren Hände zu legen, so dass sie selbst entscheiden können, wie dieser Tag aussehen soll. Im letzten Jahr war dieses Fest ein voller Erfolg. Alle Kinder waren mit Feuer und Flamme bei der Sache und es entstand ein für Eltern, Kinder und Erzieherinnen beeindruckendes Fest. Die Kollegin, die mit den Kindern im Vorbereitungsteam war, hielt aber auch im Nachhinein für sich fest, dass sie kaum für etwas anderes Zeit hatte. Nun stand die Entscheidung in diesem Jahr wieder an und damit die Frage, inwieweit die anstehenden Feste mit den Kindern geplant werden. Das Team hat sich viel Zeit genommen, im Vorfeld zu überlegen, und war sich einig, dass sie in diesem Jahr den Kindern noch mehr Planung überlassen wollen, sich aber ein zweites Fest zeitlich noch nicht zutrauen.

Diese Entscheidung macht deutlich, wie wichtig es ist, dass Teams vorher diskutieren, damit Pädagoginnen wie auch Kinder gute und konstruktive

Gelebte Partizipation in der Kita

Erfahrungen mit Partizipationsprozessen machen. In dieser Teamberatung wurde auch das Ziel entwickelt, im kommenden Jahr die Weihnachtszeit mit den Kindern zu gestalten.

Spannend waren der Reflexionsprozess des Teams und die Überlegungen, was genau und in welchen Bereichen Kinder mitbestimmen können. Das heißt auch, dass die Kolleginnen den Grad der Mitbestimmung für sich reflektiert und nach den guten Erfahrungen im Vorjahr erweitert haben.

21 Wie führen wir Kinder überhaupt an eigene Entscheidungen heran?

Wenn wir Kinder aufmerksam beobachten, können wir entdecken, dass sie sich automatisch an vielen Dingen beteiligen, weil ihre natürliche Neugier und ihr Wissensdrang kaum vor etwas Halt machen. Wir wissen, dass Kinder ganzheitlich lernen und ihre Welt erforschen, entdecken, erobern und gestalten. Dazu benötigen sie Räume bzw. eine spannende Umgebung, Gleichaltrige, mit denen sie sich austauschen können und auf gleicher Ebene Erfahrungen teilen können, sowie Erwachsene als Vorbilder, an denen sie sich reiben können, aber bei denen es auch die Möglichkeit gibt, sich Dinge abzuschauen, die den Kindern möglicherweise die nächste Dimension eröffnen, ohne dies belehrend zu präsentieren.

In diesem Tun verändern Kinder ihre Umwelt. Dies geschieht in der Familie, in der sie von Beginn an die Möglichkeit haben sollten, ihre Interessen deutlich zu machen und so den Alltag mitzubestimmen (→ Fragen 46–55). Dies geschieht aber auch in der Kita, beginnend bei den Grundbedürfnissen wie Durst, Hunger, An- und Entspannung, bei der die Frage der Beteiligung von Kindern eine enorm große Rolle spielt. Wenn das Kind die Erfahrung macht, dass es so wie es ist ernst genommen wird – also auch respektiert und angenommen wird, wie es ist – kann es sich auch mit seinen Grundbedürfnissen melden und weiß, dass es sich im und am Alltag beteiligen kann.

Kinder, die die Erfahrung gemacht haben, dass ihre Bedürfnisse gestillt werden, entwickeln eine sichere Bindung, ohne die Lernen in jeglicher Form kaum möglich ist.

Fragen und Antworten zu:

Das möchte ich nicht – Umgang mit Beschwerden

Umgang mit Beschwerden

22. Was ist eine Beschwerde?

Eine Beschwerde ist ein formuliertes Unwohlsein, eine Unzufriedenheit, ein ungutes Gefühl, bezogen auf einen Sachverhalt oder eine Person und rechtlich eine vor Gericht vorgebrachte Klage.

23. Welche rechtlichen Grundlagen gibt es zum Beschwerdeverfahren?

Die Tatsache, dass Beschwerden erwünscht sind und auf sicheren rechtlichen Grundlagen stehen müssen, hat der Gesetzgeber in unterschiedlichster Form formuliert und dies sehr fundiert in folgenden Gesetzestexten dargelegt:

- Betriebserlaubnis
- Achtes Sozialgesetzbuch (SGB VIII) – Kinder- und Jugendhilfegesetz –, Erstes Kapitel (Allgemeine Vorschriften)

SGB VIII Erstes Kapitel § 8b Fachliche Beratung und Begleitung von Jugendlichen

(1) Personen, die beruflich in Kontakt mit Kindern oder Jugendlichen stehen, haben bei der Einschätzung einer Kindeswohlgefährdung im Einzelfall gegenüber dem örtlichen Träger der Jugendhilfe Anspruch auf Beratung durch eine insoweit erfahrene Fachkraft.

(2) Träger von Einrichtungen, in denen sich Kinder oder Jugendliche ganztägig oder für einen Teil des Tages aufhalten oder in denen sie Unterkunft erhalten, und die zuständigen Leistungsträger, haben gegenüber dem überörtlichen Träger der Jugendhilfe Anspruch auf Beratung bei der Entwicklung und Anwendung fachlicher Handlungsleitlinien

1. zur Sicherung des Kindeswohls und zum Schutz vor Gewalt sowie

2. zu Verfahren der Beteiligung von Kindern und Jugendlichen an strukturellen Entscheidungen in der Einrichtung sowie zu Beschwerdeverfahren in persönlichen Angelegenheiten.

Auf dieser Grundlage können Kinder erfahren, dass

- sie Beschwerden angstfrei äußern können,
- ihnen Respekt und Wertschätzung entgegengebracht werden,
- sie bei Bedarf individuelle Hilfe erhalten,
- Fehlverhalten vonseiten der Erwachsenen eingestanden wird und Verbesserungsmöglichkeiten umgesetzt werden.

Welchen Sinn hat das Thema Beschwerde in der Kita?

Beschwerden, Anregungen, Missklänge, Missverständnisse oder wie auch immer es bezeichnet wird, müssen in pädagogischen Einrichtungen gewünscht und als sinnvolles Instrument verstanden werden. Viele Pädagoginnen stehen dem ängstlich und sich selbst sofort infrage stellend gegenüber. Eine Beschwerdekultur sagt genauso wie eine fehlerfreundliche Kultur auch immer etwas über den Teamgeist, die Atmosphäre in einem Team aus.

Die Möglichkeit der Beschwerde für Kinder erfordert von Fachkräften Respekt gegenüber den Empfindungen der Kinder und die Einsicht, dass es auch vonseiten der Erwachsenen Unvollkommenheiten, Fehlverhalten, Misslingen und Verbesserungsmöglichkeiten in der Arbeit gibt.

Warum überhaupt ein Beschwerdeverfahren bei Kindern?

Sicher fragen sich viele Eltern und Erzieherinnen, ob es nun doch nicht etwas übertrieben wäre, Kindern auch noch die Möglichkeit zu geben, sich zu beschweren. Auch die Formulierung „Beschwerdeverfahren" erscheint etwas befremdlich und klingt eher nach einem formellen Akt. Nichtsdestotrotz ist es bei genauerem Hinschauen eine wichtige Haltung der Erwachsenen, Beschwerden zuzulassen, damit sie sensibel und feinfühlig dafür werden, welche Botschaften der Kinder bei ihnen wirklich ankommen.

Zum besseren Verständnis bedarf es einiger Hintergrundinformationen. Diese Informationen sind sicher vielen bekannt. Es ist aber sinnvoll, sie nochmals in einen besonderen Rahmen zu stellen.

In den letzten Jahren ging es öfters durch die Medien, dass es Missbrauchserfahrungen von Kindern und Jugendlichen in Einrichtungen gab, die nicht gehört wurden. Kinder und auch Erwachsene haben dies immer wieder formuliert, aber die Botschaft ist bei den Verantwortlichen nicht angekommen. Oft wurden solche Fälle erst Jahrzehnte später aufgedeckt und hatten viele Nachfragen und große Entrüstung zur Folge. Eine Konsequenz aus dieser Erfahrung war die Entwicklung des Bundeskinderschutzgesetzes.

Kitas müssen sich nun genauer mit dieser Thematik befassen, sie in ihre Konzeptionen einarbeiten und ihre Pädagogik daraufhin überprüfen.

Um ein Beschwerdeverfahren sinnvoll zu implementieren, ist ein verantwortungsvoller Umgang mit Macht (→ Frage 43) und damit verbunden ein sensibler und feinfühliger Umgang mit Kindern notwendig.

Im Mittelpunkt des pädagogischen Handelns und Denkens stehen das Kind und seine Situation. Davon ausgehend entwickelt sich die pädagogische Handlung mit dem Kind. Das Denken geht nicht vom Erwachsenen und seiner Haltung („Ich weiß, was gut für dich ist") aus, sondern orientiert sich an der spezifischen Situation des Kindes.

Kinder sind damit nicht mehr die „Objekte" pädagogischer Angebote und Maßnahmen, sondern sie übernehmen selbst ein Stück Verantwortung. Macht wird abgegeben und Kinder schaffen selbst Strukturen für ihren Alltag, Macht wird begrenzt und gemeinsam entwickeln sich Alltagsstrukturen. Damit Kinder im Extremfall solche Verfahren nutzen können, ist es von Bedeutung, dass Beteiligung und Beschwerden im Alltag der Kita strukturell verankert sein müssen.

Beschwerdeverfahren haben also in allererster Linie etwas mit Kinderschutz zu tun. Kinder, die die Erfahrung gemacht haben, dass ihre Meinung etwas wert ist, sie also wertgeschätzt werden, entwickeln ein realistisches Selbstbewusstsein. Diese Kinder erkennen ihre Selbstwirksamkeit und lernen so von Anfang an behutsam, Verantwortung zu üben.

Kinder, die demnach lernen, sich ihrer selbst bewusst zu werden, ihre Bedürfnisse zu formulieren und die die Erfahrung gemacht haben, dass diese auch in die Überlegungen der Erwachsenen mit einbezogen werden, sind besser vor Gefährdungen geschützt.

Das möchte ich nicht –

Kinder können sich nur vor Übergriffen schützen, wenn sie ihre eigenen Grenzen bewusst wahrnehmen und somit auch die Verletzung dieser Grenzen erkennen und Alarm schlagen, wenn es um genau diese Grenzverletzungen geht. Dafür benötigen sie die immer wiederkehrende Erfahrung, dass ihre Grenzen von anderen geachtet werden. Nur so kann ein Bewusstsein dafür entwickelt werden.

Kinder, die ohne diese Erfahrung aufwachsen und warten, bis ihnen gesagt wird, was sie zu tun haben, und deren Handlung von der Anweisung anderer bestimmt wird, werden immer warten, bis ihnen jemand Instruktionen gibt.

 Wie sehen konkrete Beschwerden von Kindern aus?

Kinder nehmen in Kitas zwei unterschiedliche Rollen ein: Auf der einen Seite sind sie diejenigen, die die Beschwerde äußern, und manchmal wird sich über sie beschwert.

Kinder äußern Beschwerden oft versteckt, in dem sie ihr Unwohlsein beschreiben, z. B: „Wann kommt denn endlich mein Papa, um mich abzuholen"; „Die Großen lassen mich nicht mitspielen"; „Die Kleinen machen immer alles kaputt" oder durch nonverbale Äußerungen, indem sie bspw. anfangen zu weinen, sich zurückziehen oder sich mit anderen streiten. Dem Kind ist nicht klar, dass es gerade eine Beschwerde äußert, und es weiß manchmal auch, dass die Beschwerdeursache nicht sofort beseitigt oder verändert werden kann. Es möchte gehört werden, Körperkontakt haben oder einfach nur Beachtung mit seinem Anliegen bekommen – das, was alle Menschen möchten, wenn es ihnen nicht gut geht.

Ein Beschwerdeverfahren in einer Kita muss dies beinhalten und diese Formulierungen von Kindern decodieren. Oft hilft es, Kindern die Worte für ihr Unwohlsein zu geben, es sozusagen gemeinsam mit ihnen zu benennen, um so die Ursache zu erkennen. Es geht oft nicht um die Beseitigung, sondern um das Erkennen und Wahrnehmen vonseiten der Erwachsenen.

Größere Kinder können ihre Beschwerden genauestens formulieren („Ich möchte nicht, dass du mit meiner Puppe spielst, du darfst nicht die Mutter sein!") und erwarten oft gar nicht, dass Pädagoginnen sich hier einmischen, sondern klären dies in vielen Situationen selbst. Wichtig ist die Gewissheit, dass Erwachsene ihnen im Bedarfsfall zur Seite stehen.

27 Welche Rolle spielt Petzen in diesem Zusammenhang?

Zum „Petzen" gibt es viele Sprüche und Kindheitserfahrungen. Wer kennt sie nicht, Formulierungen wie „alte Petze" oder „Ihr sollt nicht immer petzen kommen". Vom Prinzip her bedeutet Petzen, ein Fehlverhalten eines anderen Erwachsenen, eines Kindes oder eine Situation bei einem Erwachsenen anzuzeigen.

Im Grunde wird eine Beschwerde formuliert. Kinder bekommen von Erwachsenen gesagt: „Wenn du mit einer Situation nicht zurechtkommst, wenn du Hilfe benötigst, dann komm …" Das tun sie in vielen Situationen. Humorvoll betrachtet könnte dies vielleicht bedeuten, dass Petzen der Vorläufer eines funktionierenden Beschwerdeverfahrens ist und deshalb ein wichtiger Beitrag zur sozial-emotionalen Entwicklung eines jedes Kindes.

28 Welchen Unterschied gibt es zwischen Bedürfnis, Wunsch und Beschwerde?

Für die Unterscheidung der drei Begriffe findet man z. B. im Duden folgende nähere Erklärungen. Im Grunde geht es darum, dass ein Bedürfnis das ist, was ein Mensch für sich als nötig empfindet, ein Wunsch, was er gern hätte und eine Beschwerde das Aufbegehren eines jeden Menschen, wenn ihm etwas widerfährt, was er nicht möchte.

Das möchte ich nicht –

29 Welche Formen der Beschwerde gibt es bei Kindern?

Kinder beschweren sich auf unterschiedliche Art und Weise und mit unterschiedlichsten nonverbalen Botschaften, die an diese Beschwerden gekoppelt sind (→ Frage 26).

Ein Tipp an dieser Stelle ist, das „Beschwerdemanagement" als Teamaufgabe zu sehen, also das Vier- oder Sechs-Augen-Prinzip zu nutzen, um so Kinder nicht unbewusst in Schubladen zu stecken.

Damit Beschwerden gut bearbeitet werden können, ist es durchaus sinnvoll, zu differenzieren und genau hinzuschauen, welche Beschwerde geäußert wird und welcher Wunsch nach Beteiligung dahintersteckt.

Kinder beschweren sich über andere Kinder:

- „Wir dürfen in der Bauecke nicht mitspielen."
- „Caroline nimmt uns immer die Puppe weg."
- „Das rote Fahrrad wird immer von Otto gefahren."

Kinder beschweren sich über Erwachsene:

- „Die Erzieherin lässt immer nur die Großen alleine in den Bauraum."
- „Meine Mama holt mich immer so spät ab."
- „Wenn Frau M. im Frühdienst da ist, dürfen wir nie in den Turnraum."

Kinder beschweren sich über Regeln und Absprachen:

- „Warum dürfen nur fünf Kinder in die Bauecke, wir spielen doch zusammen?"
- „Wieso können die Wachkinder nach dem Mittag nicht in den Garten?"
- „Wieso können wir nicht alleine drin spielen?"

Kinder beschweren sich über Kita-Traditionen und Strukturen:

- „Ich will nicht mit in die Turnhalle gehen!"
- „Warum kann ich nachmittags nicht drinnen/draußen spielen?"
- „Warum müssen wir zur Weihnachtsfeier singen?"

Kinder beschweren sich über Spielmaterialien:

- „Ich brauche mehr Bausteine zum Spielen."
- „In der Puppenküche haben wir nicht genug Kochlöffel!"
- „Wir würden gerne mit Wasser spielen!"

Umgang mit Beschwerden

Viele dieser Beschwerden kommen als versteckte Botschaften, als Unmutsäußerungen, und oft auch in angespannten Situationen zum Vorschein. Pädagoginnen entschlüsseln und erraten, bieten Formulierungen, damit diese Botschaften benannt und bearbeitet werden können. Selbstverständlich geht es nicht darum, alle Ansprüche sofort zu erfüllen. Es geht vielmehr darum, dem Gegenüber zu ermöglichen, seine Bedürfnisse und damit den Grund für das eigene Unwohlsein zu erkennen und, je größer die Kinder sind, darauf basierend Kompromisse zu erarbeiten.

30 Wie kann ein Team ein Beschwerdeverfahren für sich entwickeln?

Der Umgang mit Beschwerden ist in jedem Team Normalität. Jedes Team hat hier sein individuelles Verfahren entwickelt, oft gestützt von den Verfahren, die in unterschiedlichsten Qualitätssystemen (Pädquis, Quast etc.) aufgezeigt werden. Insbesondere beim Umgang mit Beschwerden von Kindern hat aber meist jedes Teammitglied seine eigene Verfahrensweise, die möglicherweise den anderen auch nicht bekannt ist. Das Vorgehen im Team sollte folgendes sein:

1. Jede Kollegin berichtet von ihrem Umgang mit Beschwerden der Kinder. Dazu können über einige Wochen Beschwerden gesammelt und ausgewertet werden.
2. In einem Teamgespräch wird der eigene Umgang mit Beschwerden, die Frage, worüber und warum sich Kollegen beschweren, reflektiert. Entwicklungen, die einzelne Teammitglieder hier gemacht haben, werden ausgetauscht.
3. In Kleingruppen kann die Frage diskutiert werden, wie sich Kolleginnen fühlen, wenn Kinder sich über ihr Verhalten beschweren, bzw. wie offen darüber diskutiert wird.

Ziel dieses Prozesses könnte sein, eine Selbstverpflichtung, einen Teamstandard festzulegen, der auch den Kindern gegenüber formuliert wird.

Für manche Teams ist es produktiver, diesen Prozess von außen begleiten zu lassen, da der nötige Abstand einer externen Moderation hilfreicher für die Reflexion eines Teams ist.

Das möchte ich nicht –

31 Wie müssen Kitas ein Beschwerdeverfahren verankern?

Beschwerderechte und -verfahren müssen **strukturell verankert werden.** Dies geschieht z. B. in einer Kita-Verfassung oder durch einen festen Tagesordnungspunkt in der Teamsitzung. Sinnvoll ist es, mehrere Beschwerdewege für Kinder zu ermöglichen (z. B. Sprechstunde, Kinderrat, Dienstberatung).

Dies muss von allen gelernt und immer wieder geübt werden. Kitas sollten verantwortliche Kolleginnen ernennen, die dies immer wieder in die Diskussion bringen und vor die anderen strukturellen Fragen stellen, die so oft den Kita-Alltag bestimmen.

Selbstverständlich ziehen sich dieser Gedanke und natürlich auch die Haltung, die dahinter steht, durch die gesamte Kitakonzeption. So könnte es ein extra Kapitel in jeder Konzeption geben, das sich mit dieser Fragestellung befasst und die individuelle Position jeder Kita erklärt. Aber es muss auch in den Alltagsbeschreibungen der Konzeption, z. B. bei den Mahlzeiten, bei den Erziehungszielen etc., einen Platz finden.

32 Was unterscheidet das Beschwerdeverfahren bei Erwachsenen vom Beschwerdeverfahren bei Kindern?

In vielen Einrichtungen gibt es ein **Qualitätsentwicklungsverfahren,** welches die Standards für Beschwerden von Erziehungsberechtigten und anderen Erwachsenen in einer Kindertagesstätte mit bestimmten Verfahren festlegt. Dies zeigt sich oft in einer Verschriftlichung mit genau festgelegten Schritten, wie damit umzugehen ist. Erwachsene sind meist in der Lage, ihre Beschwerden klar zu formulieren, obwohl es auch für manche Eltern schwer ist, hier die angemessene Form zu finden. Entweder sie verschlüsseln – ebenso wie ihre Kinder –, da sie Sorge haben, dass ihrem Kind dadurch ein Nachteil entsteht, oder sie begeben sich völlig über das Ziel hinaus. Je früher im Prozess klärende Gespräche stattfinden, desto konstruktiver können Dinge geklärt werden.

Das schließt nicht aus, dass es Punkte zwischen Erziehungsberechtigten und der Einrichtung gibt, die nicht geklärt werden können, da absolut unterschiedliche Vorstellungen möglich sein können.

Das Bemühen beider Seiten bei jeder Beschwerde sollte dahin gehen, den Blick auf das Kind zu richten und dementsprechend persönliche Befindlichkeiten zurückzustellen. Erziehungspartnerschaft bedeutet, sich auf eine Partnerschaft in der Erziehung einzulassen und professionelle (mit der nötigen Distanz) pädagogische Entscheidungen zu treffen.

Fragen und Antworten zu:

Beteiligung von Kindern im pädagogischen Alltag – Ganz praktisch

33 An welchen Punkten können Kinder konkret beteiligt sein?

Diese Frage lässt sich kurz und klar beantworten: Kinder können und sollten an der gesamten Gestaltung des Kita-Alltags beteiligt sein.

34 Wie können sich Kinder wirklich an der Gestaltung des Alltags beteiligen?

Stellen Sie sich in Ihrem Team doch einmal folgende Fragen:

- An welchen Punkten sind die Kinder unserer Einrichtung wirklich an der Gestaltung des Alltags beteiligt?
- Können Kinder an Alltagstrukturen mitwirken, z. B. Essensgestaltung, Zeitplanung usw.?
- Gibt es Entscheidungen, die nur die Kinder treffen können?
- Wissen die Kinder über diese Entscheidungen Bescheid? Werden auch die Jüngeren immer wieder darüber informiert?
- Gibt es für alle sichtbar festgelegte Formen der Beteiligung in der Kita?

Die Diskussion und Beantwortung dieser Fragen wird Ihnen sehr deutlich machen, wie die Haltung Ihres Teams zum Thema Beteiligung ist. Wenn Kinder beteiligt werden, hat dies einen Machtverzicht (→ Frage 43) der Erwachsenen zur Konsequenz. Dies muss im pädagogischen Alltag reflektiert werden und darf nicht von Stimmungen und momentanen Haltungen von Teammitgliedern abhängig sein. Folgende Fragen könnten diesen Prozess im Team unterstützen:

- Warum ist uns Beteiligung wichtig?
- Welche Rechte wollen wir den Kindern überantworten und wo grenzen wir uns ab?
- Welche Strukturen bieten wir dazu in unserer Kita?

In den Diskussionen, die meist auch die Auseinandersetzung mit der eigenen Haltung zu diesem Thema beinhalten, sollte es zu einem festgelegten Verfahren kommen. Am sichersten ist eine schriftliche Vereinbarung, die dann auch konzeptionell festgeschrieben wird. Diese Festlegung ermöglicht

Beteiligung von Kindern im pädagogischen Alltag –

Kindern wirkliche Beteiligung, die nicht dem Zufall überlassen ist, die es im Alltag zu leben gilt und die immer wieder neu reflektiert werden muss.

35 Was machen wir mit den aufgestellten und wichtigen Regeln?

Wenn Menschen zusammenleben, gibt es Regeln, da ansonsten dieses Zusammenleben nicht funktionieren würde. Egal ob in der Familie, in der Kita oder in größeren Gemeinschaften: Regeln und Grenzen bilden den Rahmen. Regeln geben auch Sicherheit und stellen die Rahmenbedingungen für Menschen in den unterschiedlichsten Situationen dar. Z. B. gibt die Regel „Kein Kind geht allein durch die Eingangstür" allen Sicherheit. Manche Regeln sind fest und unumstößlich. Andere Regeln können immer wieder hinterfragt werden. Partizipation bedeutet auch, Regeln neu zu hinterfragen. Es bedeutet manchmal aber auch, die Regel klar anzusagen, denn sie schafft den Rahmen, damit Kinder sich an anderer Stelle altersgerecht beteiligen können.

Die Regel, dass kein Kind allein das Haus verlässt, muss nicht diskutiert werden. Die Tatsache jedoch, dass dies so ist, schafft für Kinder die Möglichkeit, sich frei *im* Haus zu bewegen.

Um es noch einmal deutlich zu formulieren: Das Machtverhältnis (→ Frage 43) Erwachsener – Kind ist grundsätzlich nicht auflösbar! Dass Erwachsene Kindern gegenüber aus vielerlei Gründen Grenzen setzen müssen, Verbote erlassen oder etwas anordnen, gehört einfach zum Leben, ebenso wie es auf einer anderen Ebene Staat und Gesellschaft tun. Aber hier wie dort kommt es darauf an, **Macht begrenzen und hinterfragen zu dürfen**. Dazu gehört auch, transparent zu machen und zu verstehen, wo Macht herkommt und wie sie begründet ist, um sich angesichts der Macht anderer selbst nicht ohnmächtig zu fühlen. Es geht also nicht um die Abschaffung von Macht, sondern um deren gerechtere Verteilung.

Ganz praktisch

36 Lösen sich durch Beteiligung von Kindern alle Regeln auf?

Viele haben Angst, dass Kinder tun und lassen können, was sie wollen, und Erwachsene diesem Geschehen machtlos gegenüberstehen. Da ist die Sorge, dass Kinder, die bei allem mitbestimmen dürfen, zu mächtig werden und letztendlich keine Werte und Normen in ihrem Leben lernen. Und da gibt es das Gefühl der Erwachsenen, dass, wenn sie Kinder beteiligen, ihre wohldurchdachten Entscheidungen nichts mehr gelten. Formulierungen wie „Das ist schon eine gute Idee von dir, aber besser wäre ..." oder „Schau mal, so wäre es doch sinnvoller ..." oder „Wir könnten doch auch ..." als Reaktion auf einen Vorschlag von Kindern sind durchaus alltägliche Kommunikationsformen. Diese sind – wenn sie als Zusammentragen von Ideen zu verstehen sind und dann eine gemeinsame Lösung gefunden wird – durchaus sinnvoll. Wenn aber der Wunsch des Erwachsenen sich auf diese Weise durchsetzt und es nur eine freundliche Form der Überredung ist, wird Beteiligung schon im Keim erstickt. Das Kind lernt schnell, dass es zwar gefragt, aber nicht gehört wird. Auf diese Weise wird letztendlich seine Vorstellung von der vermeintlich besseren Vorstellung der Erwachsenen überlagert. Fairerweise ist festzuhalten, dass die Auflösung von Regeln oder Umformulierung von Regeln von Pädagogen meist benutzt wird, wenn es darum geht, bei Eltern, im Team oder bei anderen Erwachsenen etwas durchzusetzen. Dies ist korrekt und natürlich auch sinnvoll, aber spannend zu beobachten.

Klar ist, dass sich natürlich auch unter Beteiligungsaspekten nicht alle Regeln auflösen. So funktioniert das Leben nicht. Auch weiterhin soll das Kind an der Bordsteinkante festgehalten werden, bevor es auf der Straße überfahren wird. Kinder sollen auch nicht auf heiße Herdplatten greifen oder mit spitzen Gegenständen hantieren. Das hat aber doch ganz viel mit einem gesunden Menschenverstand zu tun und wird in vielen Diskussionen über partizipative Haltung bei Pädagogen gern als Einstiegsargument benutzt. Es geht aber eben nicht darum, dass Kinder regellos aufwachsen sollen. Bei der Beteiligung von Kindern geht es um etwas ganz anderes. Es geht darum, Kindern die Möglichkeit zu geben, praktisches Leben zu üben, ihnen (schrittweise) Verantwortung zu geben und sie so zu verantwortungsbewussten Erwachsenen werden zu lassen. Deshalb integrieren sich Regeln automatisch im Alltag und Kinder erfahren durch das Miteinander und Zusammenleben mit Pädagoginnen und deren Vorbildwirkung automatisch eine gesunde Haltung zu Grenzen und damit auch zu Werten.

Beteiligung von Kindern im pädagogischen Alltag –

Ein Beispiel: Anita, 2 Jahre und 8 Monate, beobachtet mit ihrer Erzieherin im Frühjahr das Wachsen einer Tulpe. Sie und ihre Erzieherin gehen jeden Tag an die Stelle im Garten, um zu sehen, wie sich im Nachbarsgarten diese Tulpe entwickelt. Anita erfährt durch die Kontinuität dieser Besuche, was es bedeutet, an einer Sache dranzubleiben. Sie erfährt aber auch die Regel, dass sie aufgrund des Zauns nicht zu dieser Tulpe kann. Sie ist beteiligt, indem ihr Wunsch, täglich mit der Erzieherin dorthin zu gehen, erfüllt wird. Nebenbei lernt sie auch noch den Respekt vor einer Pflanze.

Dies mag sich alles sehr einfach anhören, aber genau an diesen Punkten beginnt Beteiligung. Die Erzieherin beharrt nicht auf ihrem Tagesablauf. Sie kann sich gut nach dem Wunsch des Kindes richten und sie hat trotzdem noch Zeit für alle anderen Kinder. Es lösen sich an dieser Stelle also nicht alle Regeln auf, wenn sich die Pädagogin um die individuellen Belange eines einzelnen Kindes oder ggf. einer kleineren Gruppe von Kindern kümmert. Kinder lernen vielmehr, dass sie wahrgenommen werden, und diese Wahrnehmung hat zur Folge, dass Kinder Mut und Lust gewinnen, sich auszudrücken, und erfahren, dass sie nicht zurückstecken müssen.

Kinder befolgen aber auch im Alltag automatisch Regeln, die gar nicht von Erwachsenen entwickelt sein müssen, Regeln (oder vielmehr Gesetzmäßigkeiten), die einfach existieren, aber die für Kinder oft schwer zu verstehen sind. So muss ich bspw. den Reißverschluss meiner Jacke öffnen, wenn ich sie anziehen möchte; ich muss die Schleife oder den Klettverschluss meiner Schuhe öffnen, wenn ich sie ausziehen will. Das Leben eines Kindes ist von Regeln durchsetzt. Beobachten Sie dies einfach mal im Alltag und Sie werden erstaunt sein, wie viele Regeln Kinder erleben und wie viele sie einfach befolgen.

Letztendlich ist auch hier die Haltung der Pädagogin das ausschlaggebende Kriterium.

37 Warum sollten Sie die Regeln in Ihrer Kita auf den Prüfstand stellen?

Ein Beispiel: Eine Kita hat sich auf den Weg gemacht und alle Regeln, die es im Haus gibt, notiert: Regeln, die für das gesamte Haus gelten, Regeln, die Pädagogen entwickelt haben, Regeln, die mit den Kindern entstanden sind,

Ganz praktisch

und Regeln, die jede Kollegin noch so ganz allein für sich als wichtig ansieht. Das Regelwerk wollte kein Ende nehmen und auf die Frage, ob alle Mitarbeiter alle Regeln kennen würden, war die Reaktion Lachen und Kopfschütteln.

Von Kindern wird genau dies oft erwartet, dass alle Regeln präsent sind und natürlich eingehalten werden. Das überfordert Pädagoginnen wie auch Kinder und nebenbei auch die Eltern.

Deshalb muss der Blick auf Regeln überprüft werden. Manche Regel ist für uns unumstößlich, andere müssen immer wieder neu verhandelt werden. Wer Partizipation ernst nimmt, muss sich auf den Weg machen, althergebrachte Regeln auf den Prüfstand zu stellen und mit Beteiligung der Kinder zu verändern. Es braucht aber auch Mut und Klarheit, Regeln, die bestehen bleiben sollen, deutlich und transparent zu kommunizieren und keine Pseudo-Demokratie zu demonstrieren. Das verunsichert Kinder und führt meist zu Schweigen in Diskussionsrunden.

Ein Beispiel: Das Team hat entschieden, dass keine Waffen mehr mit in das Kinderhaus gebracht werden dürfen. Dies wurde mit den Kindern und auch mit den Eltern besprochen und war das Ergebnis eines langen Gesprächsprozesses zwischen Kindern, Pädagogen und Eltern.

Diese Klarheit war nach dem miteinander durchgeführten Prozess für alle nachvollziehbar. Damit ist diese Regel implementiert und muss zu einem gegebenen Zeitpunkt wieder überprüft werden.

38 Wie handle ich Regeln aus, an denen Kinder beteiligt sind?

Vorsicht! Überprüfen Sie sich selbst, wenn Sie mit Kindern Regeln aushandeln. Haben Sie die Regel schon vorher im Kopf oder gehen Sie wirklich ohne Lösungsplanung in die Aushandlung der Regeln? Wirklich offen mit Kindern Regeln auszuhandeln, ist ein schwieriges Unterfangen, eine kommunikative Kunst und oft eine Geduldsprobe, da bei Kindern oftmals zunächst das Bewusstsein für die Notwendigkeit von Regeln geweckt werden muss.

Ein Beispiel: Im Bauzimmer spielen 23 Kinder. Der Raum ist entschieden zu klein und die Erzieherin möchte mit den Kindern aushandeln, wie viele

Beteiligung von Kindern im pädagogischen Alltag -

Kinder höchstens im Raum spielen können. Die Kinder teilen der Erzieherin mit, dass sie doch alle Platz hätten. Die Erzieherin erzählt den Kindern, dass es eine Regel ist, die sie für sich benötigt. Dieses Problem verstehen die Kinder und lassen sich schnell auf eine Lösung ein. 15 Kinder dürfen im Bauzimmer spielen und wenn es gut läuft, können noch zwei Kinder dazukommen. Am Tag darauf fragt ein Kind die Erzieherin, ob es ihr jetzt gut gehe ...

Regeln auszuhandeln ist eine **kommunikative Kunst** (→ Frage 53), weil es die Problemlage ohne Manipulation deutlich zu machen gilt. Konkret geht es darum, mit kleinen Menschen objektiv eine Diskussion in Gang zu setzen, ohne Kindern Dinge in den Mund zu legen. Gesprächsführung mit Kindern ist hier eine gefragte Kompetenz. Offene Fragen, Humor und Neugierde bilden die dafür notwendigen Eigenschaften.

Es ist Geduld notwendig, da Kinder oft schnell auf etwas eingehen. Am nächsten Tag kann jedoch das eine oder andere eine ganz andere Blickrichtung entwickelt haben, sich nicht mehr erinnern und das Beschlossene oft gar nicht mit sich selbst in Verbindung bringen. Einige Kinder halten aber ganz starr an der Regel fest und wieder andere tun erst drei Tage später ihre Position zur besprochenen Thematik kund. Es stellt sich natürlich auch die Frage, ob es der Erwachsene aushält, dass Kinder aus seiner Sicht falsche Wege gehen. Es erfordert Geduld und Mut, um das Thema immer wieder neu anzusprechen und dies als pädagogischen Prozess und als Lernen von sozialen Kompetenzen im Alltag zu sehen. Entscheidungen dürfen deshalb nicht voreilig gefällt werden, sondern sind behutsam zu formulieren und erst nach einigen Tagen endgültig festzusetzen.

Kinder urteilen manchmal sehr hart, wenn es um Konsequenzen geht. Das hat die unterschiedlichsten Hintergründe und ist nicht immer nur aus der Erfahrungswelt der Kinder ableitbar. Versuchen Sie hier mit Kindern immer wieder ins Gespräch zu kommen. Der nötige Perspektivwechsel kann von vielen Kindern einfach noch nicht vollzogen werden. Daher ist es notwendig, vorsichtig auszuprobieren, zu reflektieren und mit Kindern den Perspektivwechsel immer wieder zu besprechen.

39. Wenn ich ein Kind beteilige, fühlen sich die anderen dann nicht benachteiligt?

Ein Beispiel: Franz möchte heute nicht zu Mittag essen. Mehrmals hat er mit der Erzieherin diskutiert und ihr dies ganz klar mitgeteilt. Er möchte am Fenster warten, denn sein Opa holt ihn heute ab. Die Erzieherin Frau Paul, die seit einem halben Jahr im Team ist, fühlt sich hin- und hergerissen. Auf der einen Seite kann sie natürlich die Situation von Franz verstehen, auf der anderen Seite bereitet es ihr Kopfzerbrechen, was die Kollegen wohl sagen, wenn Franz am Fenster steht und nicht beim Mittagessen ist. Und was sagen die Chefin und die Eltern, die ja davon ausgehen, dass Franz in der Kita versorgt wird? Kann sie so einfach zulassen, dass ein Kind nach einem aktionsreichen Vormittag in der Kita sein Mittagessen nicht isst? Was passiert mit den anderen Kindern? Werden jetzt alle Kinder ihr Mittagessen stehen lassen und wird es jetzt jeden Tag so sein, dass ein Kind und vor allem Franz das Mittagessen verschmäht? Das Kopfkino der Pädagogin geht weiter: Was passiert, wenn es sich rumspricht, dass bei ihr die Kinder machen können, was sie wollen, und jedes Kind ihr sozusagen auf der Nase herumtanzt?

Der Konflikt mit der eigenen Biografie, den eigenen Vorstellungen, dem Team, den Eltern ist meist der Faktor, der für Pädagoginnen am schwersten auszuhalten ist. Eine partizipative Grundhaltung heißt an dieser Stelle, sich ganz auf die Bedürfnisse des Kindes einzulassen und mit ihm in Kontakt zu treten, sich zu öffnen und durch eine kompetente Gesprächsführung in den Dialog mit dem Kind zu gehen.

Franz hat einen guten Grund, den er auch der Erzieherin mitteilt und sich so an seiner Gestaltung des Mittagessens beteiligt. Kinder haben Gründe für das was sie tun, dem dürfen die Erzieherinnen vertrauen. Es müssen nicht die Gründe der Pädagogen sein!

Es bleibt die Sorge, was mit den anderen Kindern ist, wenn man einem Kind etwas zugesteht. Werden diese auch kein Mittagessen zu sich nehmen wollen? Gibt es jetzt die Totalverweigerung aller Kinder beim Essen?

Bleiben Sie in solchen Situationen gelassen. Natürlich kann es sein, dass einige Kinder ausprobieren, wie Sie sich dazu positionieren. Kinder, die Hunger haben und ein schmackhaftes Essen vorgesetzt bekommen, essen, egal ob der eine oder andere die Mahlzeit verweigert. Überprüfen Sie sich selbst! Geraten Sie manchmal in diese Schwarz-weiß-Situationen bzw. Entweder-oder-Situationen (entweder alle Kinder essen oder gar keines)?

Beteiligung von Kindern im pädagogischen Alltag –

Es gibt in Kindergruppen nicht immer nur Extreme, sondern auch die Mitte, und viele Kinder entscheiden sich intuitiv dafür. Ihre Sorge, dass Ihnen die Situation entgleitet, dass Sie Ihre pädagogische Kompetenz vor den Kindern verlieren, ist unbegründet. Es wird nicht so sein, dass nie wieder ein Kind isst, nur weil Sie es diesem einen Kind in dieser Situation gestattet haben. Aber es wird so sein, dass Kinder Sie gezielt beobachten. Kinder sehen genau, wie Erwachsene sich verhalten und ziehen ihre Schlüsse daraus, mit denen sie sie oft in überraschenden Situationen konfrontieren.

Entscheiden Sie sich doch für einen Perspektivwechsel und betrachten Sie die Situation aus der Sicht des Kindes: Was lerne ich als Kind, wenn immer alle das Gleiche tun müssen, und was lerne ich, wenn ich sehe, dass die Pädagogin die Bedürfnisse des einzelnen Kindes im Blick hat? Was hat das mit mir als Kind zu tun und wo fühle ich mich wohler?

Diese Fragen sind eindeutig zu beantworten und es ist klar, bei welcher Situation der Erfahrungs- und Lerngewinn des Kindes höher ist. Als Pädagogin können Sie Ihre Fachkompetenz und Ihre Argumentation auch stärken, wenn Sie die Fragestellung „Was lernt das Kind?" und den vollzogenen Perspektivwechsel in den Mittelpunkt Ihrer Argumentation stellen: „Was lernt das Kind in dieser Situation?"

Auch die Überprüfung der eigenen pädagogischen Ziele und der Bezug zur jeweiligen Kita-Konzeption stellt eine Brücke dar. Fragen Sie sich in solchen Situationen auch: „Was wäre das Schlimmste, das mir jetzt passieren könnte?" Wenn Franz sein Mittagessen nicht zu sich nimmt, passiert erst einmal nichts. Die Eltern könnten nachfragen, Ihre Kollegen könnten nachfragen ... Aber Sie wären in dieser Situation nicht in Erklärungsnot, denn der Austausch mit Franz ist eine gute Begründung.

Meist ist die Sorge, die Pädagoginnen in diesen Momenten bewegt, in ihren Vorstellungen, ihrer Biografie begründet, und hat nichts mit der aktuellen Situation zu tun. Deshalb ist es notwendig, dass diese Themen im Team diskutiert und unter fachlicher Anleitung reflektiert werden, damit Ihre pädagogische Fachkompetenz unterstützt und gefördert wird.

Ganz praktisch

40 Partizipation kann nur auf Grundlage einer guten Beobachtung geschehen. Wie kann das gelingen?

„Beobachtung ist die Grundlage jeglicher pädagogischer Arbeit." Dieser Satz ist Ihnen sicher schon oft begegnet. In der Diskussion mit den Erzieherinnen fällt dann oft das Gegenargument: „Aber wir beobachten doch ständig". Stimmt! Erzieherinnen haben die Kinder im Blick und sie sehen, was den Tag über in ihrer Kindergruppe geschieht. Die Frage nach der Durchführung von Beobachtung ist auf keinen Fall ein Angriff auf die berufliche Kompetenz erfahrener Erzieherinnen. Sie ist vielmehr ein Blick auf ein verändertes oder vielleicht in den Hintergrund getretenes Ziel. Partizipation hat Beobachtung zur Grundlage und Beobachtung hat als Ausgangspunkt Partizipation.

Beobachtung und Dokumentation, wie wir sie hier betrachten möchten, ist ein dialogischer Prozess zwischen Kindern und Erwachsenen, d.h. es geht nicht um Diagnostik. Das hat an anderer Stelle seinen richtigen und guten Platz. Es geht um die Entdeckung der Persönlichkeit des Kindes, um das Eintauchen in dessen Welt.

Ziel dieser dialogischen Haltung in der Beobachtung ist es, ein Stück weit die Persönlichkeit der Kinder zu entdecken, ihre Themen mit ihnen zu erleben, Handlungen in Sprache umzusetzen, ihr eigenes Tun zu reflektieren und dem Kind deutlich zu machen, dass es von der Erzieherin als Person wahrgenommen wird. Es geht um die Beteiligung, die sich die Pädagogin vom Kind wünscht und der sie durch die Beobachtung auf die Spur geht, um hier Möglichkeiten zu eröffnen.

Kinder eignen sich die Welt selbsttätig an. Die Versuche, Selbstbildungsprozesse in Fremdbildungsprozesse zu verwandeln, funktionieren nicht. Wir Erwachsenen müssen dies akzeptieren und nehmen in diesem Prozess die Rolle des Bildungsbegleiters ein. Um die Bildungsthemen der Kinder zu erkennen und zu verstehen, müssen wir uns mit den Kindern über ihren Blick und ihre Sicht auf diese Welt verständigen. Dabei ist es wichtig zu erfragen, was dem Kind wichtig ist, in Gespräche einzutauchen, liebevoll, respektvoll und neugierig die Weltsicht der Kinder zu erkunden und Lust zu haben, sich darauf einzulassen. Kinder müssen wissen, dass wir sie beobachten. Sie sind Teil dieses Prozesses, geben ihr Einverständnis und erfahren jeden Satz, den die Erzieherin notiert. Das hat zur Folge, dass jede Beobachtung als Gesprächsgrundlage für das Kind möglich ist und die Aufzeichnungen nicht in

Beteiligung von Kindern im pädagogischen Alltag –

irgendwelchen Ordnern als „Geheimsache" verschwinden. Beobachtung ist demzufolge Beachtung. Grundlage der Beziehung zwischen Erzieherin und Kind gleicht einer Schatzsuche, bei der es darum geht, die aufregende und spannende Persönlichkeit des Kindes zu entdecken und sich darauf einzulassen. Jedes Kind hat seine individuelle Art, mit den Dingen, dieser Welt umzugehen.

Ein Beispiel: Fritz ist zwei Jahre alt. Nach dem Schlafen nimmt er sein Kuscheltuch, setzt sich in der Garderobe auf den Fußboden und faltet sein Tuch zu einem kleinen Viereck, indem er eine Seite auf die andere legt. Er geht dann zu seinem Rucksack, löst die Schleife, legt sein Tuch tief in den Rucksack hinein, zieht fest an dem Band und dreht sich im Weggehen nochmals um und schaut in Richtung des Rucksacks. Er braucht dazu gut fünf Minuten.

So ist Fritz, und jedes andere Kind würde mit dieser Situation anders umgehen. Eine aufgeschriebene Beobachtung hilft, dies für sich und Fritz festzuhalten, um zu erkennen, wie er ist, und um ihm Mut zu machen, zu sich und seiner Person zu stehen.

Wenn Fritz diese Situation vorgelesen oder erzählt bekommt, wenn er erfährt, dass seine Erzieherin ihn gesehen hat, sein Tun in Ordnung ist, geht es ihm mit Sicherheit gut. Er weiß, hier kann er so sein, wie er ist, und er kann so Ressourcen bei sich entdecken und entwickeln. Er erfährt, dass sein Mittun und seine Beteiligung wertgeschätzt werden.

Kleine Kinder sind meist nicht in der Lage zu antworten. Im beschriebenen Beispiel hat die Erzieherin die Erfahrung gemacht, dass Fritz sie am nächsten Tag an die Hand nahm, mit ihr zu seinem Rucksack ging und die Situation wiederholte.

Kinder sind unterschiedlich, und so zeigt diese kurze Beobachtung einen Aspekt der Persönlichkeit des Kindes. Aber es gibt mit Sicherheit noch viel mehr zu entdecken. So müssen Sie dem Kind alle Möglichkeiten geben, seine Persönlichkeit in den unterschiedlichsten Facetten wahrnehmen zu können, und es deshalb in verschiedensten Situationen beobachten.

Beobachtung heißt, mit dem Kind in einen ernsthaften Dialog zu gehen und ihm (wertfrei) einen Spiegel seines Tuns vorzuhalten.

Machen Sie doch einmal folgenden Test: Beschreiben Sie in einer Ihrer Teambesprechungen einer Kollegin, wie sie vor Ihnen sitzt. Sie werden auf die unterschiedlichsten Reaktionen stoßen. Vielleicht wird die Kollegin ihre

Ganz praktisch

Sitzhaltung sofort verändern oder Sie fragen, was dies soll, oder fragend an sich herunterblicken. Wenn es denn eine wertfrei formulierte Beobachtung ist, wird Ihre Kollegin von sich aus entscheiden, ob sie diese Sitzhaltung beibehält oder sie verändert. Sicher ist, dass die Kollegin über ihre Sitzhaltung nachdenkt. Diese kleine Übung macht deutlich, welche Bedeutung der Dialog über die gemachte Beobachtung für Kinder und insbesondere kleine Kinder hat, die ja erst einmal sich und ihr Tun kennenlernen und dann auch einschätzen lernen müssen. Wie in dem Beispiel mit Ihrer Kollegin entscheidet das Kind, ob es die Situation verändert, oder es teilt Ihnen möglicherweise die Gründe mit, weshalb es sie nicht verändern möchte. Ein kleiner Punkt, aber hier wird eine große Veränderung in der Pädagogik sichtbar: Nicht mehr die Erzieherin entscheidet, ob das Kind z. B. richtig oder falsch sitzt, sondern diese Entscheidung wird im Dialog mit dem Kind, mit seiner individuellen Beteiligung von ihm selbst gefällt. Beobachtung heißt also, mit dem Kind über das, was Sie sehen, ins Gespräch zu kommen, sich mit diesem Kind auszutauschen und gemeinsam mit dem Kind die entsprechenden Schlussfolgerungen zu ziehen. Voraussetzung ist, das Kind um sein Einverständnis zu bitten, wenn Sie es beobachten.

Im Mittelpunkt steht die Person des Kindes und keine Sache, über die wir verfügen, sondern ein Mensch, der wahrgenommen werden möchte. Sprechen Sie mit den Kindern darüber, lesen Sie ihnen Ihre Beobachtungen vor, machen Sie daraus ein aktives Tun, welches für das Kind eine Auseinandersetzung mit sich selbst darstellt.

Hinter Ihrer Beobachtung steht Ihre Haltung. Jeder, der ein Kind beobachtet, tut dies vor dem Hintergrund seiner Biografie. So gesehen gibt es keine Objektivität, denn wir verstehen die Botschaft der Beobachtung mit unserer Persönlichkeit, unseren Erfahrungen, Vorlieben und Abneigungen (stellen Sie sich mal eine Beobachtung z. B. mit einer Spinne vor!) und unseren Ängsten; so wird jede Situation zu einer Auseinandersetzung mit der eigenen Person. Und es bleibt die Frage, die jede Erzieherin für sich beantworten muss: Bin ich neugierig auf genau dieses Kind? Will ich mich immer wieder auf diese Beziehungsarbeit, die bei jedem Kind, das neu in die Gruppe kommt, einlassen? Diese Frage können Sie nur für sich klären, sie wird aber Ihre Haltung in jeder Beobachtungssituation prägen. Möchten Sie das Kind, wenn Sie seine Themen und Interessen erkannt haben, dann auch mit einbeziehen und ihm dem Freiraum, den es braucht, lassen?

Beobachtungen haben keine eindeutigen Konsequenzen, sondern schaffen nur Ideen, die Sie gemeinsam mit dem Kind entwickeln. In einer Beobach-

Beteiligung von Kindern im pädagogischen Alltag –

tungssituation entdecken Sie gemeinsam mit dem Kind, was für dieses Kind in dieser Phase gerade wichtig ist. Bei kleinen Kindern heißt dies, dem Kind genau mitzuteilen, was Sie bei ihm sehen, und daraus entwickelt sich der nächste Schritt, eine Idee, die nicht die pädagogische Arbeit der nächsten Woche beherrschen muss, sondern ein gemeinsamer Ansatz, eine Möglichkeit, sich mit einem Thema auseinanderzusetzen.

Ein Beispiel: Tim, 2 Jahre und 5 Monate, hat sich die Kiste mit dem Steckmaterial geholt und sitzt nun auf dem Boden und fährt mit den Händen durch diese Kiste. Nach ein paar Minuten beginnt er, die Stecker nach Farben zu sortieren und vor sich kleine Häuflein mit blauen, roten und gelben Steckern zu machen. Nach einer Weile nimmt er diese Häuflein, wirft alles wieder in die Kiste und beginnt sein Tun von neuem. Die Erzieherin erzählt Tim von ihrer Beobachtung und kommt mit ihm ins Gespräch. Tim erzählt ihr, und er tut das mit seinen Worten, dass es so schön an seinen Händen krabbelt, wenn er durch die Kiste mit den Steckern fährt. Es geht ihm hier nicht um die Entdeckung der Farben, für Tim steht die sinnliche Erfahrung mit den Steckern im Vordergrund. Dies erfährt die Erzieherin wirklich nur durch das Gespräch, das sie mit dem Jungen führt, indem er ihr immer wieder seine Hände zeigt und jauchzt.

Möglicherweise hätte die Erzieherin, wenn sie sich nur auf die Beobachtung verlassen hätte, ihren Schwerpunkt auf die Sortierung der Farben gelegt. Die gemeinsame Erfahrung der beiden, die nun folgte, dass sie ihre Hände zusammen in den Steckern „badeten", hätte so nicht stattfinden können.

Es geht nicht darum, pädagogisch wertvolle Themen zu entdecken, sondern darum herauszufinden, was für Tim wichtig ist. Die Erzieherin geht einen Schritt zurück. Tims Thema steht im Vordergrund und nicht das, was die Erzieherin für Tim gut finden würde.

Beobachtung ist ein dialogischer, respektvoller Prozess, der in erster Linie für das Kind geschieht und dessen Konsequenz immer ein Gedanke der Beteiligung des Kindes an seinem Alltag ist.

Ganz praktisch

41 Wie verändert sich die Rolle der Erzieherin im Kontext von Partizipation?

Um Kindern echte Beteiligung am Alltag zu ermöglichen und um deutlich zu machen, dass es um die Umverteilung von Macht geht, muss die Rolle der Pädagogin im praktischen pädagogischen Alltag komplett überdacht werden.

Eine Grundlage für diese Neudefinition der Rolle der Erzieherin ist dabei das aktuelle Verständnis vom Kindeswohl. Die Arbeit der Erzieherin hat sich demzufolge danach zu richten, wie für die ihr anvertrauten Kinder die optimalen Bedingungen geschaffen werden können, so dass sich diese Kinder bestmöglich entwickeln können.

„Kindeswohl ist in dem Maß gegeben, in dem das Kind einen Lebensraum zur Verfügung gestellt bekommt, in dem es die körperlichen, gefühlsmäßigen, geistigen, personalen, sozialen, praktischen und sonstigen Eigenschaften, Fähigkeiten und Beziehungen entwickeln kann, die es zunehmend stärker befähigen, für das eigene Wohlergehen im Einklang mit den Rechtsnormen und der Realität sorgen zu können." (Sponsel 2003)

Aus dieser Definition leitet sich auch der Arbeitsauftrag für die Erzieherinnen und damit ihre gesellschaftliche Rolle ab. Wenn Sie das Wohl des Kindes im Blick haben, ist es in Ihrem Interesse, das Kind zu fragen bzw. wissen zu wollen, wie es ihm geht, wie seine Vorstellungen und Wünsche sind.

Wie Sie selbst Ihre Rolle verstehen – wie also Ihr **Rollenverständnis** aussieht – diese Selbstreflexion wird Ihren Weg bei dem Thema Partizipation begleiten. Für das eigene Selbstverständnis kann es keine vorgegebenen Normen geben, das müssen Sie selbst entwickeln. Rollenangebote können Sie dabei unterstützen. Schnell wird jedoch deutlich werden, dass es nicht *die* eine Rolle der Erzieherin geben kann. Ihre neue Rolle und Ihr Selbstverständnis werden dadurch gekennzeichnet sein, dass Sie um die vielen Rollen einer Erzieherin wissen und in der Lage sind, im pädagogischen Alltag immer neu zu erkennen, in welcher Rolle Sie sich jetzt gerade befinden oder in welche Sie sich als nächstes begeben. Diese Flexibilität eröffnet eine große Chance für Sie. Sie können zwischen den Rollen wechseln und dadurch allen Kindern gerade die Erzieherin an die Seite stellen, die das Kind in diesem Moment für das bestmögliche Kindeswohl benötigt und dem Kind auf diese Weise auch die größten Beteiligungschancen geben.

Beteiligung von Kindern im pädagogischen Alltag –

42 Welche Rollen übernehmen Erzieherinnen für das neue Selbstverständnis?

Die Erzieherin als Bindungsperson für die Kinder

Ohne Bindung kein Lernen. So einfach lässt sich in einem Satz die große Bedeutung der Beziehung zwischen der Erzieherin und dem lernenden Kind beschreiben. Kinder, die sich in der Einrichtung nicht wohl fühlen, die das Gefühl haben, von der Erzieherin nicht gemocht oder akzeptiert zu werden und die in unsicheren Situationen nicht wissen, bei welchem Erwachsenen sie Schutz und Sicherheit finden werden, können nicht wie Forschungsreisende auf Weltentdeckung gehen. Sie werden den Kitaalltag über sich ergehen lassen, mehr oder weniger „unproblematisch" am Tagesgeschehen teilnehmen, aber innerlich immer den Moment herbeisehnen, an dem sie endlich wieder in ihre sichere Umgebung – ihr Zuhause, ihre Wohlfühloase – zurückkehren können.

Die Rolle der Bindungsperson nehmen Sie als Erzieherin immer dann ein, wenn sich das Kind in einer fremden, unvertrauten Situation befindet und durch sein Verhalten andeutet, dass es die Nähe und Unterstützung durch Sie als Erwachsene braucht. Kinder zeigen solches Bindungsverhalten oft auch in Situationen, die aus Sicht der Erzieherin gar nicht neu oder unvertraut sind. Echte Bindungspersonen fragen dann gar nicht erst, ob jetzt wirklich Zuwendung notwendig ist. Sie nehmen das kindliche Bedürfnis ernst, spenden Trost, geben Nähe und erleben, wie die Kinder sich danach gestärkt erneut auf Weltentdeckung begeben.

Die Erzieherin als Expertin für frühkindliches Lernen

Ist die Erzieherin ein Pädagogin, eine kompetente Fachfrau für frühkindliche Lernprozesse, eine Spezialistin für kindliche Entwicklung? Wie schätzen Sie selbst Ihre Rolle ein?

In der Hektik des Alltags, zwischen Nasen putzen und Kinder anziehen, Essen austeilen und Spielplatz beaufsichtigen, scheint manchmal das eigentliche Ziel Ihrer Arbeit – der pädagogische Auftrag, der Sie als Fachfrau und Spezialistin kennzeichnet und von allen Laien, die über Kindererziehung und frühkindliche Entwicklung sprechen, unterscheidet – unterzugehen. Neben allen Rollen, die Sie als Erzieherin im Alltag ausfüllen müssen, sollten Sie genau diese Rolle der Pädagogin in sich wiederentdecken und stärken. Die Erzieherin als Expertin für frühkindliches Lernen – das klingt nach neuem Selbstbewusstsein und einer Fachlichkeit, die hilft, die eigene Position in Erziehungsfragen besser begründen zu können und das pädagogische Handeln für andere (Eltern, Kollegen, Leitung, Träger) nachvollziehbar zu machen, „Einflüsterungen" von selbsternannten Experten widerstehen zu können und dabei tatsächlich das Kindeswohl in der täglichen Arbeit als *den* Maßstab im Blick zu haben.

In der Rolle der Fachfrau für Kleinkindpädagogik befinden Sie sich immer dann, wenn Sie Ihre Arbeit daraufhin überprüfen, ob durch Sie dem Kind die bestmöglichen Entwicklungs- und Lernbedingungen geschaffen wurden. Fachfrau für Kleinkindpädagogik zu sein bedeutet demzufolge, über kindliche Entwicklung und kindliches Lernen Bescheid zu wissen und daraus abzuleiten, wie die tägliche Arbeit in den Kindertagesstätten pädagogisch gestaltet werden sollte, damit die bestmöglichen Lern- und Entwicklungsbedingungen für die Kinder entstehen können. „Haben die Kinder wieder nur gespielt oder heute auch was Richtiges gelernt?" – auf solche Fragen von Eltern wissen Sie somit mit Ihrer Fachlichkeit zu reagieren. Auch hier ist Teamarbeit gefragt. Setzen Sie sich mit den Kolleginnen zusammen und entdecken Sie die Pädagogik im Team neu. Die Bildungspläne liefern jede Menge pädagogisches Hintergrundwissen, das Ihnen im Alltag helfen kann. Pädagogisches Wissen wird auch in der Ausbildung und in Fortbildungen vermittelt. Vertrauen Sie aber auch sich selbst dabei. In den vielen Berufsjahren haben Sie ein immenses pädagogisches Fachwissen angesammelt, welches es aufzufrischen, zu sortieren und an manchen Stellen auch zu entrümpeln gilt.

Die Erzieherin als Erwachsenenbildnerin

Die Rolle der Erwachsenenbildnerin überrascht viele Erzieherinnen. Sind Sie nicht eigentlich Erzieherin geworden, weil Sie mit Kindern zusammenarbeiten wollten? Im Alltag werden Sie schnell merken, dass bis zu 50 % der Arbeitszeit aus der Zusammenarbeit mit anderen Erwachsenen besteht.

In der Zusammenarbeit mit den Eltern geht es nicht darum, die Eltern so zu bilden, wie Sie sie als Erzieherin gern hätten. Vielmehr geht es darum, sich gemeinsam mit den Eltern in einen Lernprozess zu begeben, dessen Lernziel es ist herauszufinden, wie für das Kind die bestmöglichen Entwicklungsbedingungen geschaffen werden können. Dies kann nur gelingen, wenn alle drei Parteien – Eltern, Kinder und Pädagoginnen – an diesem Zusammenspiel beteiligt sind und ihre Kompetenzen einbringen. Bildung zum Ermöglichen von Selbstbildung aufseiten der Erzieherin und der Eltern – immer,

Beteiligung von Kindern im pädagogischen Alltag –

wenn das in einer Situation erforderlich ist, schlüpft die Erzieherin in die Rolle der Erwachsenenbildnerin.

Auch im Team gibt es Konflikte, Kolleginnen, die schwierig und mit sich und der Welt nicht im Reinen sind. Und es gibt die Konkurrentinnen, die schnell eine bissige Antwort parat haben, die, die immer gleich betroffen und verletzt sind, die gleich aufbrausen, die nach einem Konflikt eine Woche nicht mehr mit der anderen sprechen usw. Zusammenarbeit im Team muss sich durch größtmögliche Authentizität der einzelnen Teammitglieder, aber auch durch Sachlichkeit und Fachlichkeit auszeichnen. Alles andere kostet enorm viel Kraft und Zeit und führt letztendlich dazu, dass außerhalb der Kita noch viel über die dort existierenden Problematiken geredet wird. Diese Zeit ist aber für Erholung und Auftanken mehr als nötig. Üben Sie sich deshalb darin, diese Dinge in der Kita zu lassen! Der Feierabend gehört Ihnen und den Menschen, die Ihnen wichtig sind.

Die Erzieherin als Beobachterin und Dokumentatorin

Viele Erzieherinnen empfinden Rolle der Beobachterin und Dokumentatorin als zusätzliche Arbeit, die in die ohnehin schon enge Zeitplanung eingreift und viele Ressourcen bindet. „Jetzt sollen wir auch noch beobachten und dokumentieren – und das bei 20 Kindern in der Gruppe?!" Wenn Sie die Rolle der Beobachterin und Dokumentatorin einmal ganz bewusst einnehmen, so werden Sie schnell merken, wie sehr Sie das in allen anderen Rollen entlasten wird. Kinder aufmerksam zu beobachten und diese Beobachtungen genau zu dokumentieren, wird Ihnen die Rolle der Pädagogin, die Rolle der Erwachsenenbildnerin, die Rolle der Netzwerkerin, die Rolle der Selbstüberprüferin und die Rolle der Bindungsperson enorm erleichtern. Sie werden die Kinder ganz neu für sich entdecken, indem Sie in die kindliche Welt eintauchen und dort Schätze heben. Sie werden neuen Spaß an der Arbeit entwickeln, auf einmal verstehen, warum manche Kinder so sind, wie sie sind. Sie werden in den Elterngesprächen viel auskunftsfähiger und lebhafter werden. Sie werden die Interessen der Kinder im Netzwerk viel besser vertreten können und die Qualität Ihrer pädagogischen Arbeit wird steigen.

Die Erzieherin als Netzwerkerin

Netzwerken kann nur gelingen, wenn Partizipation im Mittelpunkt steht. Netzwerken ohne Partizipation bedeutet, sich als Einzelkämpferin auf den Weg zu machen.

Als Erzieherin sind Sie darüber hinaus auch noch in den Rollen der Netzwerkerin auf Kita- und Gemeindeebene und der Kontaktherstellerin zur Grundschule. Beide Rollen können mit Schwierigkeiten verbunden sein. Aber die gute Netzwerkarbeit in der Gemeinde und ein funktionierender Kontakt zu den Grundschulen helfen dem Kindeswohl erfahrungsgemäß sehr. Sie als Erzieherin sind dabei keine lästige Bittstellerin. Denken Sie immer daran, dass Sie als Erwachsenenbildnerin, Teamarbeiterin, als Netzwerkerin und Grundschulkontaktherstellerin das Kindeswohl im Blick haben und daher für Ihre Anliegen eine wichtige Legitimation haben.

Welche Rollen Sie nicht mehr brauchen

Die Auseinandersetzung mit den vielen Rollen einer Erzieherin wird dadurch leichter, dass von alten gern auch Abschied genommen werden kann. Mancher Abschied mag dabei schwerfallen. Manchmal tauchen die alten Rollen auch wie Gespenster aus der Vergangenheit im Alltagshandeln auf. Lassen Sie die Rollen dann kurz auferstehen und schicken Sie sie wieder in die Vergangenheit zurück. Ihr Alltag ist vielfältig genug, sodass es keinen Grund gibt, noch diese Rollen weiterleben zu lassen. Zu diesen Rollen gehören u. a.:

- **Die Trainerin:** Kinder als defizitäre Wesen zu betrachten und dabei nach den Schwachpunkten zu suchen, zu schauen, wo das Kind „Förderbedarf" hat und in seiner Entwicklung „angeregt" werden muss, bringt Sie schnell in eine Oberlehrerposition, die Ihnen und dem Kind nicht gut tut und Ihre Beziehung zueinander belastet. Stellen Sie sich vor, wenn es da einen anderen Menschen in Ihrer Nähe gäbe, der immer guckte, wo Ihre Schwächen seien und Ihnen dann bei der Überwindung Ihrer Schwächen „helfen" wollte. Würden Sie sich gern von so einem Menschen Unterstützung geben lassen?
- **Die Basteltante, Versorgerin und Pflegerin:** Natürlich müssen auch nach den neuen Bildungsplänen weiterhin Popos gewischt und Nasen geputzt werden. Es muss Essen auf dem Tisch stehen, alle brauchen was zu trinken, Schuhe müssen zugebunden werden und Pflaster gehören weiterhin auf aufgeschlagene Knie. Weiterhin wird gemalt und gebastelt. Die Rolle der Basteltante, Versorgerin und Pflegerin ist somit weiterhin auszufüllen, aber sie sollte nicht Ihr Selbstverständnis dominieren. Sie sind mehr als nur die Frau, bei der Kinder gut aufgehoben sind. Lassen Sie sich als erfahrene Kleinkindpädagogin nicht auf die etwas wunderliche, aber liebenswerte Spieltante und Ersatzmutter reduzieren, die die Kinder versorgt, weil die Eltern sich selbst nicht kümmern können. Vielleicht war das Basteltalent früher eine der grundlegenden

Merkmale einer guten Erzieherin. Heute jedoch stehen Sie als Person im Zentrum.
- **Die „Kinderflüsterin"**: Und auch diese Rolle gibt es nach wie vor in manchen Köpfen. Keiner von uns kann Gedanken lesen. Was in anderen manchmal so vorgeht, wird niemand immer verstehen können. „Ich weiß, was für dich gut ist" bedeutet, sich über die Kinder hinwegzusetzen und die eigenen Maßstäbe dem Kind aufzudrängen. Fragen Sie die Kinder lieber direkt, was in ihnen gerade vorgeht. Lassen Sie sich von den Kindern ihre Sicht der Dinge erläutern. Fragen Sie die Kinder um Rat, wenn Sie nicht wissen, wie Sie mit mancher kindlichen Eigenart oder Auffälligkeit umgehen sollen. Sie werden erstaunt sein, wie gut die Kinder selbst darüber Auskunft geben können, was sie eigentlich wollen und brauchen.

Im neuen Rollenverständnis der Erzieherin geht es um Sie als Person, die mit den Kindern, Eltern und Kolleginnen kooperiert und diese an den Prozessen in der Kita beteiligt. Dieses veränderte Selbstbewusstsein, dieser neue Blick auf sich selbst kann auch Kindern als Vorbild dienen und sie ermutigen, nicht nur Angebote in Anspruch nehmen, sondern selbstbewusst zu überlegen, was für sie jetzt in ihrer Lebenssituation sinnvoll ist.

Beteiligung braucht also pädagogische Fachkräfte, die (vgl. Knauer 2004)

- die Kinder achten (Menschenbild),
- die konkreten Themen von Kindern erfassen können (Beobachtung und Analyse),
- die in der Lage sind, die Anforderungen so zu gestalten, dass sie den Lebenserfahrungen der Kinder entsprechen (Methodenkompetenz),
- die bereit sind, Macht abzugeben (Reflexion),
- die bereit sind, sich auf offene Situationen einzulassen (Mut und Vertrauen),
- die geduldig mit sich und den Kindern sind (Geduld),
- die Fehler als wertvoll schätzen (Fehlerfreundlichkeit) und
- die jederzeit ihre Verantwortung behalten (Verantwortung).

43. Was bedeutet Macht im Zusammenhang mit Partizipation?

Ungern wird zugegeben, dass Pädagoginnen eine Machtstellung inne haben. Aber es ist grundsätzlich so, dass das Verhältnis von Kind und Erzieherin davon geprägt ist, dass die Erwachsenen Macht haben.

Jeder hat mit anderen Personen zu tun, die z. B. aufgrund ihrer Position oder ihres Lebensalters mächtiger sind. Spannend ist die Frage, wie mit dieser Macht umgegangen wird, wie sie ausgelebt wird, ob Hinterfragen erlaubt ist und Transparenz von sich aus hergestellt wird. Macht und Respekt korrespondieren eng im pädagogischen Alltag und nur, wenn dieses Zusammenspiel gelingt, kommt es zu einem konstruktiven Miteinander.

44. Was haben der Mittagsschlaf, der Kostehappen, der Aufenthalt im Freien mit Partizipation zu tun?

Es gibt Themen in Kitas, die schon seit mehreren Jahrzehnten diskutiert werden, dazu gehören immer noch der leidige Mittagsschlaf, das Anziehen, eine Fülle von Themen rund um die Mahlzeiten, die Frage, wie viel Bewegung Kinder haben müssen usw.

Die Liste ließe sich beliebig verändern. Manche Kitas haben hier schon Enormes geleistet, andere sind noch auf dem Weg. Es ist klar, dass Erwachsene auf die Entwicklung der Kinder schauen und Verantwortung für diese Kinder haben. Aber es geht doch immer wieder in pädagogischen Prozessen um Kommunikation, um Klarheit und Aushandeln mit den Kindern und den Respekt der Pädagogin vor der Individualität jedes Kindes.

Die Angst vor dem Kontrollverlust in der Erziehung ist groß. Die Erkenntnis, dass Kinder in einer Verhandlungsgesellschaft erzogen werden, hat die Pädagoginnen erreicht. Aber es geht um etwas grundsätzlich Anderes. Es geht darum wahrzunehmen, wenn ein Kind Not mit einer Situation hat oder es sich in einem schwierigen Zustand befindet. Dies gilt es zu erkennen und gemeinsam mit dem Kind auszuhandeln, welche Handlungskompetenzen es gibt, die sich das Kind für sich vorstellen kann.

Beteiligung von Kindern im pädagogischen Alltag –

Die Erzieherin muss sich immer bewusst sein, dass sie neben und keineswegs über dem Kind steht, und sie sollte sich, wenn notwendig, zurücknehmen. Sie muss auf die Ebene der Kinder gehen (aber nicht „kindisch" sein), zuhören und warten, bis die Kinder ihre eigenen Lösungen finden. Sie müssen, wie Maria Montessori sagt, dem Kind helfen, es selbst zu tun. Das ist ein oft mühsamer Lernprozess für die Erzieherin. „Die gleiche Schwierigkeit zeigt sich, wenn ich bei einem Kind sitze, das umständlich und langsam mit einem Material arbeitet, das die Möglichkeiten zur Beschleunigung nicht nutzt und mühselig seine eigene Logik und sein eigenes Tempo aufbaut. Wie oft zuckt mir die Hand, auf etwas hinzuweisen, oder die Zunge, den schnellsten Weg vorzugeben. Und immer wieder die Entscheidung, mir selbst Grenzen zu setzen" (Wild 1998, S. 107).

Wie beteilige ich Eltern am Kita Alltag?

Auch die Beteiligung der Eltern ist durch das KitaFöG in vielen Bundesländern geregelt, z. B.:

(2) Die Eltern sind in Fragen der Konzeption und deren organisatorischer und pädagogischer Umsetzung in der Arbeit der Tageseinrichtungen zu beteiligen. Hierzu gehören auch Maßnahmen oder Entscheidungen, die zu finanziellen Belastungen der Eltern führen. Die Fachkräfte erörtern mit den Eltern die Grundlagen, Ziele und Methoden ihrer pädagogischen Arbeit. (Aus Kindertagesförderungsgesetz KitaFöG vom 23. Juni 2005)

Eltern sind am Kita-Alltag unter Berücksichtigung ihrer Kompetenzen zu beteiligen. Das muss auch von Anfang an mit Eltern so diskutiert werden. Eltern sind Experten für ihr Kind. Erziehungspartnerschaft bedeutet, dass dieses Expertentum auch anerkannt und respektiert wird. Umgekehrt sind Pädagogen Experten für all das, was in der Kita geschieht. Viele Eltern beteiligen sich auch voller Engagement, wenn dies gern gesehen und wertgeschätzt wird und sie nicht grundsätzlich zu billigen Hilfskräften wie bspw. Bänkestreichern und Kuchenbäckern degradiert werden.

Ideal ist es, wenn Eltern und Erzieherinnen ein wirkliches Team bilden. Erziehungsziele können gemeinsam abgesteckt und Grenzen gezogen werden, die dann auch von allen konsequent eingehalten werden. Das Kind lernt so am Modell, Regeln zu respektieren, und dies erleichtert ihm, Selbstdisziplin

Ganz praktisch

zu erlernen. Wenn die Beziehung zwischen Kind (und Elternhaus) und Erzieherin stimmig ist, dann wird Erziehung zu einem konstruktiven Prozess, bei dem auch in Problemsituationen Lösungen gefunden werden können.

In den letzten Jahren musste der Gedanke der Prävention mehr berücksichtigt werden, d.h., dass Eltern von Anfang an am Kita-Geschehen beteiligt werden. Dabei werden auch die Grenzen der Beteiligung von Anfang an aufgezeigt, bevor es zu Konflikten und gegenseitigen Missverständnissen kommt.

Dies sollte sinnvollerweise in den ersten Gesprächen mit den Eltern, in der Konzeption und auch immer wieder im Team festgehalten werden. Erzieherinnen reagieren manchmal sehr emotional, wenn es zu kritischen Situationen kommt oder wenn Eltern genauer nachfragen, Dinge nicht verstehen, Erziehungsziele kollidieren oder Kinder sich nicht so entwickeln, wie alle es sich wünschen, oder es einfach nur angespannte Lebenssituationen gibt. Hier hilft es, vorher Maßnahmen festzulegen, z. B. dass jemand ein Gespräch begleitet oder einzuteilen, wer für was zuständig ist. Diese Verabredungen machen Pädagoginnen und Eltern in ihrem Verhältnis zueinander sicher und helfen, Reibungen zu vermeiden.

Fragen und Antworten zu:

Vielfalt von Methoden – Verschiedene Formen der Partizipation

Verschiedene Formen der Partizipation

46 Welche Formen der Beteiligung für Kinder gibt es?

- **Offene Formen der Beteiligung** sind dadurch gekennzeichnet, dass die Meinungsäußerung der Kinder und Jugendlichen im Zentrum steht. Dazu zählen etwa Gespräche, Nachfragen, Beobachtungen und das Gespräch darüber. Es gibt keine Verpflichtung zur Regelmäßigkeit. Sie ergeben sich im Kita-Alltag als Konsequenz aus Spielsituationen, spontan entstandenen Gesprächen usw.
- **Parlamentarische Formen** sind durch Kontinuität und formale Strukturen gekennzeichnet und haben in der Regel eine in der Kita festgelegte Grundlage. Zu den parlamentarischen Formen zählen Gesprächskreise, Kinderkonferenzen, Morgenkreise, Gruppengespräche, festgelegte Beschwerdeformen usw.
- **Projektbezogene Formen** betreffen überschaubare Projekte und konkrete Planungsvorhaben. Sie sind zeitlich begrenzt und zeigen meist sichtbare Ergebnisse. Dazu gehören die Vorbereitung des Abschlussfestes mit den Kindern, die Planung eines Ausflugs mit der Dampfeisenbahn, die Planung eines Projektes zum Thema Frösche usw.

47 Was ist eine Kinderkonferenz, ein Kinderrat oder ein Kinderparlament?

Wenn Kinder die Möglichkeit haben, sich zu versammeln, um ihre Meinung, ihre Wünsche und ihre Vorstellungen zu diskutieren, kann dies als Kinderkonferenz, Kinderrat oder Kinderparlament bezeichnet werden. Im Alltag der Kita kann dies so aussehen, dass sich z. B. am Freitag früh alle Kinder, die wollen, in einem Raum der Kita treffen, um gemeinsam ihre Wünsche und Vorstellungen zu besprechen. Dies hört sich leichter an als es in der Realität durchführbar ist, denn Kinder können nicht von Anfang an ihre Wünsche und Vorstellungen formulieren. Dazu braucht es Erwachsene, die in der Lage sind, sich selbst in ihrer Person zurückzunehmen und den Kindern die Möglichkeit schaffen, ihre Bedürfnisse oft erst einmal unrein formuliert auszusprechen. Der Wunsch eines Kindes wird oft als Forderung geäußert und Kinder benötigen Erwachsene, die sie in diesem Prozess ernst nehmen und sich durchaus auch als Reibungsfläche zur Verfügung stellen.

Vielfalt von Methoden –

Kinderräte sind also Foren, in denen soziale Kompetenz wirklich erlernt, manchmal durch Missverständnisse und Reibung erprobt, aber immer wieder ausprobiert werden muss. Das Gefühl, das bei Kindern nach einem Kinderrat bleiben soll, ist das Bewusstsein, gehört zu werden. Dabei geht es nicht darum, Recht zu bekommen, sondern dass (kinder)eigene Wünsche, Ideen und Vorstellungen einen Teil der Verhandlung mit anderen Kindern ausmachen.

Ein Beispiel aus der Mediation kann dies vielleicht unterstützen: Zwei Kinder streiten sich um eine Orange. Die Erzieherin kommt und teilt als Richterin die Orange auseinander. Bei beiden Kindern fließen Tränen, wollte doch ein Kind den Saft der Orange und das andere die Schale für Basteleien.

Wäre eine Verhandlung, ein Ausdiskutieren, ein Besprechen möglich gewesen, indem erlernt wurde, wie eigene Vorstellungen formuliert werden, hätte die Pädagogin diese Rolle nicht einnehmen müssen und es wäre zu einer friedlichen Lösung gekommen. In einem Kinderrat kann genau das geübt werden. Ein Kinderrat (→ Frage 48) kann im Kontext der Bezugsgruppe entstehen. Es können sich aber auch gewählte Kinder aus Bezugsgruppen in einem größeren Gremium treffen. Möglich ist auch ein zufälliges Zusammentreffen unterschiedlicher Kinder, die sich zu einem Gespräch über ein bestimmtes Thema zusammenfinden. Größere Kindergartenkinder und Schulkinder, deren Gerechtigkeitssinn sich gerade besonders entwickelt, sind auffallend schnell für einen Kinderrat zu gewinnen. Sie lassen sich gern auf diese Form der Verhandlung ein und tragen dies auch in die entsprechenden anderen Gremien weiter.

Die Bedeutung der Erzieherin-Kind-Beziehung zeigt sich auch in der Kinderkonferenz. Hier bietet sich die Möglichkeit, dass sich die Erzieherin aus dem Erziehungsgeschehen ausklinken kann, indem sie eine Identifikationsfigur, z. B. eine Handpuppe, einführt und ihr die Moderation überträgt. Sie kann sich dann ganz auf die Seite der Kinder bzw. des Kindes stellen und die Fragen äußern, die das Kind sich vielleicht nicht traut oder nicht artikulieren kann.

In der Kinderkonferenz kann über alles gesprochen werden: über Gefühle, positiver und negativer Art, es können Fragen gestellt, Wünsche geäußert, Projekte vorgeschlagen werden etc. – ohne dass einer der Partner bei dem anderen Druck ausübt.

„Die Kinderkonferenz bietet einen sicheren Rahmen für jedes Kind. Es ist nicht allein, sondern geschützt und eingebettet in die Atmosphäre und in

Verschiedene Formen der Partizipation

die Beziehungen innerhalb der Gruppe. Die Erzieherin kann den Dialog beeinflussen und auch Vorschläge machen, wie Erziehungsziele praktisch umgesetzt werden können. Indem sie den Kindern objektiv Lösungsvorschläge macht, kann jedes Kind für sich wählen, inwieweit es diese akzeptiert und für sich annehmen will. Erzieherisches Handeln wird so zu einem spannenden Prozess." (Becker-Textor 2007, S. 65)

48 Wie funktioniert ein Kinderrat?

Jede Kita muss für sich klären, welche Inhalte sie in diesem Gremium gern besprochen haben möchte. In der einen Kita geht es möglicherweise mehr darum, was in den Funktionsräumen passiert, und die Kinder berichten darüber. Eine andere Einrichtung wählt eine Form, in der die Kinder das, was ihnen gerade wichtig ist, einander erzählen. Auch die beratende Tätigkeit bei der Neuanschaffung von Spielmaterialien kann ein Thema sein. Der Kinderrat braucht eine klare Aufgabenstellung und die Kinder müssen erleben, dass Dinge, die dort besprochen werden, von den Erwachsenen ernst genommen werden.

Manchmal entscheiden sich auch Teams, dass das, was gerade nicht so gut in der Kita läuft, im Kinderrat besprochen wird. Damit verliert dieses tolle Gremium aber manchmal an Attraktivität und das führt oftmals zu langen Gesichtern, wenn der Kinderrat tagen soll.

Ein Beispiel: Die Kinder des gewählten Kinderrates der Kita Rapunzel treffen sich jeden zweiten Montag gemeinsam mit der Köchin und einer von ihnen ausgesuchten Erzieherin. Jede Stammgruppe hat sich für zwei Kinder entschieden, die jeweils für ein halbes Jahr diese Aufgabe übernehmen. Das Treffen findet immer am gleichen Ort statt. Alle Kolleginnen wissen Bescheid und gemeinsam wird der Speiseplan für die beiden nächsten Wochen geplant. Anhand von Fotokarten, auf denen die einzelnen Lebensmittel, z. B. Nudeln, Kartoffeln, Quark etc. abgebildet sind, wird den Kindern ermöglicht, das Mittagessen selbst zusammenzustellen. Die Köchin berät und bringt ihre Ideen und Vorstellungen mit ein. Zum Schluss dieses Treffens, welches ca. 20 Minuten dauert, werden die Bilder der beiden nächsten Wochen auf einer Magnetwand befestigt und der Speiseplan wird von den Kindern auf ihrer Wand sichtbar für alle aufgehängt.

Dieses Verfahren, das sich so schön liest, war in der Einrichtung ein langer Prozess. Fotos von allen Speisen mussten gemacht werden, die Köchin gehört und alle Vorbehalte mit ihr besprochen werden, die Eltern informiert und auch hier eine Fülle von Gesprächen geführt werden. So hatte jeder Beteiligte seine individuellen Sorgen und Ängste: Die Köchin hatte Bedenken, dass es nur noch bestimmte Lebensmittel gebe und die Eltern, dass es doch schwieriger wäre, wenn nur einige Kinder für alle entscheiden und ob manche Kinder nicht doch noch zu jung wären. Die Erzieherinnen waren in dem Prozess die Mutigsten. Alle Bedenken wurden den Kindern mitgeteilt und es entstand ein durchaus gesunder ausgewogener Speiseplan.

Alle Kinder in dieser Kita wissen um das Prinzip. Sie können sich mit den gewählten Mitgliedern des Kinderrates besprechen, ihre Wünsche einbringen und sind auf diese Weise aktiv beteiligt. Für alle ist es erstaunlich, dass dieser Prozess so konstruktiv und lustvoll läuft.

49 Wie gelingt es, alle zu Wort kommen zu lassen?

Jede Stimme zählt, und es ist wichtig, dass jedes Kind weiß, dass es in jedem Gremium mit seiner Stimme Einfluss hat. Für Wortführer im Kinderrat (→ Fragen 47 und 48), die Entscheidungen so maßgeblich beeinflussen wollen, bedarf es unbedingt Erwachsener, die dafür Sorge tragen, dass wirklich alle Kinder zu Wort kommen. Hier helfen bspw. festgelegte Sprechreihenfolgen/Redezeiten, Sprechsteine (wer den Stein in der Hand hat, darf reden), Vorgespräche mit den Kindern, Zeit lassen und auch das Wissen, dass es in einem Kinderrat eine Unterbrechung geben darf. Denn manche Kinder benötigen durchaus einen Tag oder zwei, um eine Frage für sich beantworten zu können. Manchmal hilft auch der Körperkontakt zur Erzieherin, die diesen Prozess begleitet, oder ein Kuscheltier von Zuhause, welches für das Kind spricht, oder auch die gemeinsame Übereinkunft aller, dass wirklich jeder zu Wort kommen darf. Handpuppen können Kindern helfen, sich besser auszudrücken, als wenn sie etwas direkt sagen müssen. Kinder machen schnell die Erfahrung, dass die Lauten gehört und die Leisen überhört werden. Jedoch gilt auch hier die Regel: Wer nichts sagen will, muss dies auch nicht. Lange Pausen, in denen auf die Äußerung eines Kindes gewartet wird, sind sehr ermüdend. Besser ist es, wenn die Erzieherin z. B. das Kind schnell fragt, ob es etwas sagen möchte, und ausgehend von der Antwort das Kind

Verschiedene Formen der Partizipation

gleich spricht oder später reden darf. So bleibt die Diskussion lebendig. Das können Erzieherinnen durch Methodenvielfalt erreichen und so grundlegende Erkenntnisse im Rahmen einer ausgewogenen, gleichberechtigten Partizipation schaffen.

50 Wie bereite ich einen Kinderrat vor?

Erfahrungsgemäß ist es hilfreich, wenn Kinderräte denselben Ort und dieselbe Atmosphäre haben und die gleichen Pädagoginnen diesen Prozess begleiten. Rituale wie z. B. Salzstangen zu jedem Treff des Kinderrates zu reichen, gemeinsam auf einem Teppich oder bequemen Kissen zu sitzen oder die gleiche einleitende Musik für den Beginn des Kinderrates zu spielen, sind ausgesprochen hilfreich, um Kinder auf das Kommende einzustimmen und die Idee des Kinderrates bei ihnen zu verfestigen. Die Vorbereitung der Erzieherinnen sollte keinesfalls darin bestehen, sich Lösungen zu überlegen und diese dann geschickt im Gespräch mit einzuflechten. Vielmehr bedarf es einer echten Vorbereitung. Dies bedeutet, sich offene Fragen zu überlegen, Gesprächsanfänge bereitzuhalten, um die Thematiken, die möglicherweise von den Kindern gesammelt oder aus den Stammgruppen mit in den Kinderrat gebracht werden, einzubringen. Humor und Fröhlichkeit sind wichtige Anteile an gelungenen Kinderratssitzungen. Zur Vorbereitung können Erzieherinnen und/oder Kinder ein Plakat aufhängen, auf welches sie die Themen aufmalen oder aufschreiben, die im Kinderrat diskutiert werden sollen. Eine Litfaßsäule oder eine Pinnwand eignen sich hervorragend, um die Arbeit des Kinderrates transparent zu machen. Auch Eltern interessieren sich an dieser Stelle sehr für dieses Gremium. Die Vorbereitungen eines Kinderrates müssen auch in den Teambesprechungen eine wichtige Rolle spielen. So kann es durchaus sein, dass sich beide Gremien (Kinderrat und Kitateam) miteinander treffen, um Dinge zu verhandeln. Die Organisation eines Sommerfestes oder die Gestaltung einer Weihnachtsfeier wären mit Sicherheit in manchen Teams innovativer und spannender, wenn Kinderrat und Kitateam dies gemeinsam ausarbeiten würden.

Ein Beispiel: In einer Kita hat die gemeinsame Vorbereitung ergeben, dass es zu einem Sommerfest keine Bierbänke (Sitzgelegenheiten) für Eltern geben soll, denn der Wunsch der Kinder bestand darin, dass die Eltern diesen Nachmittag spielend mit ihnen verbringen sollten. Das Fest war ein großer

Erfolg, da dies demokratisch von den Kindern und den Erzieherinnen getragen wurde.

51 Welche Formen der Kinderkonferenz gibt es für die Kleinen?

In einer offenen, den Kindern zugewandten Atmosphäre entwickeln Kinder nach und nach ihre eigenen Vorstellungen. Dafür brauchen sie Erzieherinnen, die gut beobachten und auch die kleinsten Signale der Kinder zur Kenntnis nehmen. Emmi Pikler und Magda Gerber fordern in ihren zehn auf einer Philosophie des Respekts basierende Prinzipien: „Beteiligen Sie Säuglinge und Kleinkinder an Dingen, die sie betreffen, arbeiten Sie nicht an ihnen vorbei und lenken Sie sie nicht ab, um die Aufgabe schneller zu erledigen" (Gonzalez-Mena & Widmeyer-Eyer 2008, S. 33).

Diese **respektvolle Haltung** ermöglicht Kleinkindern eine Beteiligung im Alltag auf ganz natürliche Art. So können gerade in Essens- und Anziehsituationen sowie „Minikinderräten" die Themen der Kinder in den Mittelpunkt rücken. Kleine Kinder können auch im Tagesablauf ihre Beteiligung sehr deutlich machen, indem sie sich abwenden, auf das Rufen ihres Namens nicht hören oder sich an Dingen festhalten.

Es ist klar, dass Kinder die Möglichkeit haben müssen, in dem gesetzten Rahmen ihre Vorstellungen für ihr Leben bzw. ihren Alltag selbst zu gestalten. Wir Erwachsenen sind dafür zuständig, die Rahmenbedingungen für eine größtmögliche Mitbestimmung einzurichten.

Ein Beispiel: In einer Kita werden die Funktionsräume neu eingeteilt. Die Lokalisierung der Räume, also welcher Raum der Bauraum wird, wo man einen Theaterraum, ein Kreativatelier, einen Werkraum, einrichten könnte etc. wird von den Pädagoginnen grob vorgedacht und mit den Kindern besprochen. Differenzierter können sich die Kinder bei der inhaltlichen Gestaltung der Räume einbringen. Das bedeutet, dass mit den Kindern überlegt wird, wie ein Bauraum aussehen könnte. Logischerweise geschieht dies nicht durch die Frage „Wie stellt ihr euch einen Bauraum vor?", sondern durch die Weitergabe umfangreicher Informationen an die Kinder und das Aufzeigen eines großen Ideenspektrums hinsichtlich der Gestaltungsmöglichkeiten eines Bauraumes. Damit Kinder Ideen für die Gestaltung eines

Verschiedene Formen der Partizipation

Raumes entwickeln, können ihnen z. B. Kataloge, Prospekte, Bilder aus anderen Kitas, Ideen aus dem Internet u. v. m. zur Verfügung gestellt werden.

So wurde z. B. von den Großen einer Kita vorgeschlagen, einen großen Kran, der Bausteine transportieren kann, zu installieren. Gemeinsam mit der Erzieherin haben die Kinder diesen Kran aufgemalt und sich auf den Weg gemacht, im Internet ein ähnliches Modell zu suchen. Nachdem dieses Modell gefunden war, wurde beratschlagt, welche Möglichkeiten der Finanzierung es gibt und es wurde genau überlegt, wie man die Eltern und andere an der Finanzierung beteiligen kann. Es dauerte ein halbes Jahr – und diese Zeit warteten die Kinder ganz beharrlich und verständnisvoll –, bis der Kran für den Bauraum gekauft und aufgestellt werden konnte.

Deutlich wird an dieser Stelle, dass Kinder durchaus selbst bestimmen können und dass es auch Möglichkeiten geben muss, um die Vorstellungen der Kinder in den Alltag zu integrieren. Viele befürchten, dass die Selbstbestimmung der Kinder zu antiautoritär im Sinne von Laissez-faire ist. Partizipation bedeutet jedoch, einen lebensnahen Aushandlungsprozess (→ Frage 52) mit Kindern einzugehen, ihnen die realistischen Bedingungen vor Augen zu führen und dennoch ihre Ideen und Wege zu sehen und sie damit zu beteiligen. Das bedeutet vor allem für Erwachsene zu überlegen, ob sie Macht (→ Frage 43) abgeben können oder sich lediglich über die Macht, die Erwachsene ja durchaus in der Erziehung haben, definieren. Es geht bei Partizipation nicht darum, dass Kinder sinn- und zusammenhanglos Entscheidungen treffen, sondern dass Erwachsene Handlungs- und Ideenvielfalten eröffnen und Kinder in ihrer Entscheidung begleiten und ihnen als kompetente Partner zur Verfügung stehen. Überlegen Sie einmal, wie in Ihrem Alltag Kinder oft miteinander kleine Verhandlungen führen, dabei Entscheidungen treffen, und wie stolz die Kinder sind, wenn sie in dieser Entscheidung selbst bestimmen konnten.

52 Wie funktioniert eine Abstimmung?

In der Regel nutzen wir bei Abstimmungen das Mehrheitsprinzip. In Verfahren der Beteiligung ist die Abstimmung der Schlusspunkt und das Ende eines Beteiligungsprozesses. D. h. es geht nicht darum, dass schnell eine Abstimmung herbeigeführt wird. Bedeutsamer ist es, dass Kinder lernen, sich in einen solchen Prozess einzubringen. Dabei haben regulären Abstimmungen immer den Nachteil, dass es eine Minderheit gibt. Kinder, die die Erfahrung gemacht haben, oftmals in der Minderheit zu sein, verlieren die Lust an Beteiligungsprozessen und sind eher ungehalten.

Eine Chance ist es daher, unorthodoxe Prinzipien der Abstimmung zu nutzen. Folgende Möglichkeiten gibt es:

- **Zufallsprinzip:** Beim Zufallsprinzip wird die Entscheidungsgruppe nach einem willkürlichen Kriterium festgelegt, z. B.: Heute entscheiden die Jungs oder Mädchen; heute entscheiden alle, die eine Jeans anhaben; heute entscheiden alle, die eine Brille aufhaben.
- **Prinzip der Reihenfolge:** Nach der Reihenfolge kann z. B. bei Befragungen zu Ausflugszielen entschieden werden. Wenn sich 12 von 17 Kindern für den Ausflug in den Tierpark entscheiden und fünf hingegen lieber ins Aquarium wollen, kann so verfahren werden, dass zuerst der Ausflug in den Tierpark stattfindet und eine Woche später ein Ausflug ins Aquarium gemacht wird.
- **Zeitliches Prinzip:** Das zeitliche Prinzip vereinheitlicht mehrere Wünsche der Kinder, wobei die unterschiedlichen Abstimmungsergebnisse lediglich die zeitliche Abfolge bestimmen. Bei Überlegungen wie z. B. der nächste Geburtstag gefeiert wird, wollen zehn Kinder ein Grillfest, acht Kinder wünschen sich Spiele und fünf Kinder hätten gern einen Kuchen. Den hier genannten unterschiedlichen Wünschen könnte man mit dem zeitlichen Prinzip entsprechen, indem die Geburtstagsfeier mit einem gemeinsamen Grillen beginnt, anschließend verschiedene Spiele gemacht werden und sie mit einer abschließenden Kuchenrunde ausklingt.
- **Mehrheitsprinzip:** Dieses Prinzip eignet sich auch schon für kleine Kinder, indem man die verschiedenen Auswahlmöglichkeiten, z. B. für jeden Spielplatz in der Nähe der Kita ein Symbol aufmalt, wie eine Schaukel für den Spielplatz mit den vielen Schaukeln, eine Rutsche für den Spielplatz mit der langen Rutsche und einen Kletterturm als Symbol für das Außengelände der Kita. Jedes Kind bekommt ein Stein und kann diesen auf den jeweils bevorzugten Spielplatz legen, um zu zeigen, welcher Spielplatz gewünscht ist. Am Ende wird der Spielplatz besucht, auf dessen Symbol die meisten Steine liegen. An dieser Stelle sei erwähnt, dass Handzeichen als Abstimmungszeichen schwierig sind, da Kinder sich häufig schnell umentscheiden. Oftmals kann dadurch das entsprechende Handzeichen nicht mehr nachvollzogen werden.

Verschiedene Formen der Partizipation

- **Aufstellprinzip:** Kinder können auf einer Skala von 1 bis 5 (wie Schulnoten) ihre Meinung zu verschiedenen Aspekten des Kitaalltags äußern. Geeignete Anwendungsbeispiele wären z. B. das Mitbestimmen beim Gestalten des Eingangsbereichs: mit Fotos, mit Gemälden der Kinder, mit Händeabdrücken aller etc. Durch die Skala entsteht ein Meinungsbild, das für die Kinder sichtbar wird. Eine weitere Anwendung des Prinzips der Aufstellung ist, mit geeigneten Fotos von Mittagsgerichten die Kinder festlegen zu lassen, was sie in der nächsten Woche zum Essen möchten.

Dabei sollte klar sein, dass, wenn ein Meinungsbild erfragt wird, die Kinder auch über den weiteren Fortgang auf dem Laufenden gehalten werden müssen. Das Meinungsbild kann nur der Anfang eines Prozesses sein, der mit Kenntnis und durch den Kontakt zu den Kindern weiterentwickelt wird.

Welche Gesprächskompetenzen benötigt die Pädagogin?

Neben einer offenen, interessierten Gesprächshaltung braucht es eine Gesprächskultur, die auf Augenhöhe stattfindet. Ein dialogisches Miteinander – verbal oder nonverbal – ist die Ausgangsvoraussetzung. Es ist eine hohe Anforderung, die Erwachsenenposition zu verlassen und in die Welt des Kindes einzutauchen. Erwachsene haben hier immer wieder Übungsbedarf, um ihre Fähigkeiten zu vervollständigen. Wenn Kinder lernen können, sich in Gruppen und Diskussionen einzubringen, geschieht das über das Vorbild der Erwachsenen und derer Kommunikationsfähigkeit.

Folgende Techniken können dabei hilfreich sein.

Aktiv zuhören

Aktives Zuhören heißt

- zu versuchen, sich in den Gesprächspartner einzufühlen,
- beim Gespräch mitzudenken,
- dem Gesprächspartner Aufmerksamkeit und Interesse entgegenzubringen,
- dem Kind durch Spiegelung der wahrgenommenen Gefühle Hilfestellungen zu geben, sich selbst und seine Befindlichkeiten kennenzulernen und formulieren zu können.

Ein Beispiel: Erwin kommt schimpfend um die Ecke. Er würde gern noch im Garten weiter spielen, aber es ist Zeit für das Mittagessen. Die Pädagogin, die genau weiß, dass Erwin in diesen Übergangssituationen sehr angespannt reagiert, fragt ihn: „Du ärgerst dich, dass wir jetzt reingehen, du aber gerne noch draußen weiterspielen würdest." Erwin entgegnet: „Ich hab gerade ganz alleine auf der Schaukel gesessen ..." Die Pädagogin erkennt das Problem und hält sich mit der Lösungssuche zurück, signalisiert aber ihr Verständnis, indem sie sagt: „Du hast Recht, es ist doof, dass du nicht weiter schaukeln kannst, aber die Küche hat sich doch beim Kochen auch angestrengt."

Die Situation ist gerettet. Der Ärger von Erwin ist natürlich nicht verflogen, aber ein neuer Aspekt kommt dazu, der ja auch von Erwin bedacht werden kann.

Richtig fragen

Vermeiden Sie die lästigen „Warum"-Fragen, die Kinder, aber auch Erwachsene immer in die Rechtfertigungshaltung zwängen. Besser fragen Sie wie folgt:

- „Was war los?"
- „Was entdeckst du gerade?"
- „Was siehst du?"
- „Wie siehst du das?"
- „Wann ging es los?"
- „Wer war dabei?"

Folgende Fragen können helfen, ein Gespräch zu eröffnen:

- „Möchtest Du mir erzählen, was du gerade machst/was du vorhast/wie du das gemacht hast?"
- „Ich habe Folgendes beobachtet ... Erzähl doch mal, wie du das siehst."
- „Die Situation vorhin war für mich so ... Willst du mir deine Sichtweise erzählen?"
- „Ich bin ganz neugierig. Wie war das vorhin? Ich habe Folgendes gesehen ..."
- „Erzähl mal. Wie hast du das gemacht?"
- „Kannst du mir sagen, was du alles machen musstest, bis ... fertig war?"
- „Möchtest du mir noch mehr dazu erzählen?"
- „Möchtest du den anderen Kindern/deinem Freund zeigen, wie du das gemacht hast?"

Verschiedene Formen der Partizipation

Um ein Gespräch in Bewegung zu halten, könnten folgende Fragen nützlich sein:

- „Was wolltest du machen?"
- „Wie hast du das geschafft?"
- „Wie würdest du es noch einmal hinkriegen?"
- „Wie hast du angefangen?"
- „Woher weißt du das?"
- „Wie bist du darauf gekommen?"
- „Ist das schwer?

Moderation

Moderation bedeutet, durch ein Thema zu begleiten und dabei die eigene Meinung nicht in den Vordergrund zu stellen, zusammenzufassen und gemeinsam mit den Kindern einen gedanklichen Schritt weiterzugehen. Es beinhaltet auch, Verhandlungen zwischen Kindern zu initiieren und auch auszuhalten, dass diese anders als geplant geschehen. Auch die Aushandlungsprozesse zwischen Erzieherinnen und Kindern sind oft langwierig und es muss gut auf die eigene Rolle geachtet werden. Im Moderationsprozess bezieht die Erzieherin keine Position für ein Kind oder eine Kindergruppe, sie deckt vielmehr immer wieder alle Argumentationslinien auf und fasst sie zusammen.

Die Meinung der Erzieherin gehört aber auch dazu, sie muss sie aber deutlich darlegen und nicht manipulativ damit arbeiten. Äußerungen wie bspw. „Das könnt ihr doch nicht machen" oder „Das macht man aber nicht" verunsichern und gehören nicht zu einer objektiven Moderation. Eine wertschätzende Moderation, die auch in kniffligen Situationen achtsam und einfühlsam mit der Kindergruppe umgeht, ist die beste Grundlage, dies auch als Kind so weiterzugeben.

Gesprächsregeln entwickeln

Gesprächsregeln zu entwickeln bedeutet, Verlässlichkeit in einem Gespräch zu erfahren, z. B: „Ich darf ausreden. Wenn ich meine Hand hebe, darf ich etwas sagen."

Es geht nicht darum, ein Flipchart mit zehn Regeln zu füllen, sondern einige wenige Grundregeln mit den Kindern zu entwickeln und diese symbolhaft darzustellen. Gesprächsregeln dürfen auch veränderbar sein, alle Vorschläge sind diesbezüglich diskutierbar.

Auch hier ist immer wieder für das Selbstverständnis der Pädagoginnen wichtig, dass sie dies als ihr pädagogisches Angebot und nicht als eine anstrengende Zusatzaufgabe sehen.

Philosophierunden: Wer will, dass Kinder reden, muss ihnen zuhören

Mittwochs gibt es in einer Kita immer den „Philosophiezirkel". Die Kinder tragen sich am Tag vorher ein, wenn sie daran teilnehmen möchten und ein Thema zu besprechen haben. Es geht hier nicht um Lösungsfindung oder Erlebnisse vom Wochenende, die oft in Konkurrenz miteinander besprochen werden, sondern um Themen, die es in der Welt gibt und die Kinder beschäftigen.

Die Zeitspanne dieses Zirkels ist unterschiedlich lang – genau wie die teilnehmende Zahl der Kinder. Die Kita-Leiterin berichtet, dass es aber jedes Mal spannend und auch für sie lehrreich ist und dass diese Runden eine sehr gesprächsfreudige Atmosphäre im ganzen Haus schaffen.

54 Wie können Ergebnisse dokumentiert werden?

Fragen Sie die Kinder, wie Ergebnisse dokumentiert werden sollen, und Sie werden staunen.

Ein Beispiel: In einer Kita hatten die Kinder einen Ausflug in ein nahegelegenes Waldgebiet geplant. Es entstand eine Liste, die für Erwachsene eher als Hieroglyphen einzustufen war. Am Nachmittag beobachtete die Erzieherin, dass die Kinder ihre Eltern vor dieses Plakat zogen und ihnen genauestens mitteilten, was mitzubringen sei. Am nächsten Tag war alles wie geplant da.

Auch wenn Kinder noch nicht in der Lage sind zu schreiben, haben alle schon die Erfahrung gemacht, dass sie gut und konsequent dokumentieren können. Kleinen Kindern kann angeboten werden, dass Sie das Gewünschte für sie notieren. Achten Sie bitte darauf, den Wortlaut der Kinder nicht zu verändern – auch wenn es manchmal etwas holprig ist. Es ist für das Kind wertschätzender, wenn es sich beim Vorlesen der Eltern wiedererkennt. Besprechen Sie das auch mit den Eltern, damit sie hier nicht korrigierend eingreifen.

Verschiedene Formen der Partizipation

Natürlich helfen auch Fotos, kleine Filme, digitale Bilderrahmen u. a., den Dokumentationsprozess zu unterstützen.

55 Welche vermeintlichen Stolpersteine bei der Partizipation gibt es?

Der immer noch allgemein übliche Blick auf die Pädagogin im Krippen- und Kindergartenbereich ist der Blick auf eine fürsorgliche, die Kinder pflegende, allwissende, qualifizierte Erzieherin.

Im Zuge des sich immer mehr durchsetzenden Partizipationsgedankens findet hier, wenn auch langsam, ein Umdenken statt. Das Berufsbild ist nicht mehr nur von Fürsorge geprägt, sondern die Fachfrau beteiligt die Kinder, bespricht sich, überlegt altersentsprechend mit den Kindern gemeinsam die nächsten Schritte, nimmt sich zurück und ist Expertin im Bereich der Kommunikation. Eine partizipative Grundhaltung von Pädagoginnen ist deshalb eine Grundlage, den Stärken, Fähigkeiten und Begabungen der Kinder Raum zu geben. Hier nimmt sie die wichtige Rolle des „Ermöglichers" ein. Gemeinsam mit Kindern zu gestalten ist der Grundstein für freie Entfaltung. Sie traut damit den Kindern zu, ihre Fähigkeiten und Begabungen zu leben und zu entwickeln.

Demnach liegt natürlich ihre wirkliche Professionalität nach wie vor im pädagogischen Tun. Dies geschieht allerdings unter dem partizipativen Blickwinkel und in der Arbeit mit Erwachsenen, um Bedingungen für Kinder mit Erwachsenen (Eltern, Team, Träger), Kinder und Pädagoginnen gemeinsam zu gestalten. Eine gute Kommunikationskompetenz, Einfühlungsvermögen für Prozesse in Familien, die den Kita-Alltag betreffen, Achtsamkeit und gelebte Toleranz werden immer mehr zu Kennzeichnen des neuen Berufsbildes. Die Anteile der geleisteten Arbeit, die nicht direkt am Kind stattfindet, steigen. Dies haben sich Erzieherinnen in ihrer Berufswahl oft anders vorgestellt. Viele können sich dennoch gut damit identifizieren.

Gesellschaftlich ist dieser Perspektivenwechsel im Berufsbild noch lange nicht vollzogen. Viele Erzieherinnen sind deshalb verunsichert in ihrer Rolle. Oftmals hat diese Verunsicherung zur Folge, dass wieder auf altbewährte Rollen zurückgegriffen wird und diese leise wieder in den Alltag zu geholt werden. Das Muttertagsgeschenk für alle und von allen, die von allen in ähnlicher Weise angefertigte Bastelarbeit sind Zeichen der Verunsicherung.

Von der Basteltante wurde sich natürlich verabschiedet, aber auch berufspolitische Diskussionen wirken hier nicht befördernd. Erzieherinnen kämpfen um Anerkennung, die sie in ihrem Berufsbild (→ Frage 42) schon längst haben, die aber gesellschaftlich wenig gesehen und geschätzt wird.

Professionalität bedeutet, nichts dem Zufall zu überlassen. Diese Erkenntnis muss an vielen Stellen noch gewonnen werden.

Was steht der Partizipation von Kindern nun entgegen?

„Sie können doch noch gar nicht sprechen."

Kinder sind oft verständiger als Erwachsene. Sie verstehen sich untereinander und übersetzen gern für uns. „Mia kann das noch nicht sagen, aber sie meint ..."

Natürlich muss sich ein Kind in irgendeiner Weise mitteilen können, aber wir Erwachsenen müssen auch Lust auf detektivische Fähigkeiten haben, gut beobachten, uns rückversichern und behutsam Interpretationen aussprechen: „Ich glaube, Mia möchte keine Erbsen essen." (Mia, 1,5 Jahre, dreht den Löffel mit den Erbsen um und schüttet sie auf den Tisch).

„Kinder wollen sich nicht beteiligen."

Beteiligung ist eine Frage des Vertrauens und eine hohe Herausforderung für Kinder. Kinder, die die Erfahrung gemacht haben, dass ihre Vorschläge zwar gewollt, aber dann doch nicht ernst genommen werden, werden ihre Aktivitäten schnell einstellen.

Ein Beispiel: In der Kita wurde ein Sommerfest geplant, die Kinder sollten Vorschläge einbringen. Die Kinder äußerten sich kaum. Es wurde nur von einem kleinen Mädchen Topfschlagen gewünscht. Die Diskussion und das Nachfragen der Erzieherinnen waren lang und zäh. Im Ergebnis planten und gestaltetet folglich die Erwachsenen. Rückblickend waren alle enttäuscht und schwer zu motivieren, sich erneut auf die Kinder einzulassen.

Eine Kollegin stellte die Frage, ob es wohl doch damit zusammenhing, dass im letzten Jahr alle Vorschläge der Kinder nicht berücksichtigt worden sind, da eine Firma eine Hüpfburg zur Verfügung stellte. Dies war natürlich auf der einen Seite ein Glücksfall, wurden auf der anderen Seite aber die Vorschläge der Kinder berücksichtigt? Hat man in der Begeisterung über die

Verschiedene Formen der Partizipation

Hüpfburg das andere vergessen? Es ist nicht mehr nachzuvollziehen, aber die Reaktion der Kinder spricht für sich.

Wenn die Kinder sich nicht wie gewünscht beteiligen, sollten die Erzieherinnen das auf jeden Fall hinterfragen. Beobachten Sie sich selbst ... Wie oft werden Kinder gefragt und dann kommen der Sätze wie „Besser wäre, wenn ..." oder „Wir könnten doch auch ..."

„Es geht wirklich nicht."

Selbst bei geglückten Gesprächen gibt es dann aber auch Situationen, die einfach nicht realisiert werden können. Ein Sommerfest auf Mallorca, eine Nachtparty in der Kita mit allen Eltern und Kindern ... Das ist wahrlich unrealistisch, oder?

Können wir nicht Zwischenlösungen finden und den Finger auf der Landkarte spazieren schicken? Oder uns humorvoll der Situation stellen und die Gründe, weshalb Dinge nicht durchgeführt werden können, auf jeden Fall transparent machen.

Wenn diese mutigen Gedanken der Kinder unbedacht wegdiskutiert werden, sinkt natürlich das Interesse, sich noch weiter zu beteiligen (das geht Erwachsenen z. B. im Beruf nicht anders!). Und letztendlich ist es ein Lernprozess, in dem auch viele Erzieherinnen noch lange nicht Meister sind!

„Kinder haben keine Ideen."

Es fehlen ganz oft Vorstellungskraft, Erfahrungen und Informationen sowie Zeit und Ideen. Erwachsene müssen Kinder in die Lage versetzen, Entscheidungen treffen zu können, und möglicherweise Material besorgen, um das Thema greifbar zu machen. So können Fotos, z. B. von vergangenen Sommerfesten oder von Sommerfesten anderer Kitas helfen, Ideen zu entwickeln. Abstrakt etwas zu entwickeln – und dies vielleicht auch noch ganz schnell in der Morgenkreisrunde – überfordert Kinder und Erwachsene und ist die beste Grundlage für Demotivation im Partizipationsprozess.

Zeit, geschicktes Nachfragen wie bspw. „Frag doch mal deine große Schwester, was sie am Sommerfest immer toll fand ..." und auch konsequentes Dranbleiben wie „Am Montag ist es wieder soweit ..." können den Beteiligungsprozess erleichtern und zielführend sein.

Es ist, und das muss klar werden, wirklich ein Prozess und oft auch eine Geduldsprobe für die Erzieherinnen.

Vielfalt von Methoden –

„Kinder beschweren sich immerzu und wollen an allem beteiligt werden."

Ein Beispiel: Fritz möchte stets alles mitmachen. Er hat zu allem eine gute Idee und ist kaum zu bremsen, wenn es gilt, eine Aktivität oder Ähnliches zu planen. Die anderen Kinder kommen kaum zu Wort, denn Fritz hat es schon immer an sich gerissen.

Aus Ihrer Erfahrung in Gruppendynamik wissen Sie, dass es in jeder Gruppe, in jeder Konstellation – auch in Teams – einen Fritz gibt und es immer schwer ist, hier den anderen auch die nötigen Freiräume zu schaffen. Nutzen Sie daher das Einzelgespräch und die persönliche Situation mit Fritz, um ihm deutlich zu machen, dass es um einen gemeinsamen Prozess aller Kinder geht. Bieten Sie ihm ihre persönliche Unterstützung an, z. B. Ihre Hand, die er halten darf oder den Platz neben Ihnen oder das Gespräch hinterher.

Es gibt kein Rezept, denn dies hat natürlich auch etwas mit dem Temperament und Charakter von Fritz zu tun. Aber alle Hilfsmittel sind erlaubt, die Fritz helfen, seine Meinung zu äußern und aber auch den anderen Kindern Freiraum zu lassen.

„Eltern haben andere Vorstellungen als wir."

Erziehungspartnerschaft bedeutet, das Expertentum der Eltern für ihre Kinder wirklich zu respektieren. Beziehen Sie Eltern von Beginn an in Ihre Gedanken zum Thema Partizipation mit ein. Machen Sie deutlich, dass dies zu Ihrem Verständnis von sozialer Kompetenz gehört und Ihr pädagogisches Angebot zur Lebenstüchtigkeit der Kinder beiträgt.

Eltern und Pädagoginnen müssen sich klar darüber sein, dass Regeln in der Kita nicht konform gehen müssen mit Regeln, die zuhause gelten. Es ist klar, dass dort ein anderes Leben stattfindet als in der Kindergemeinschaft. Das schließt natürlich ein, dass Kinder zuhause auch hinterfragen dürfen. Kinder, die gewohnt sind, in der Kita ihren Alltag mitzubestimmen, werden dies auch zuhause erwarten und ihre Vorstellungen einbringen wollen.

Eine gute Dokumentation, viele Gespräche und natürlich eine konzeptionelle Verankerung machen Eltern schon zu Anfang deutlich, welche Bedeutung und Tragweite dieses Thema hat. Vermeiden Sie an dieser Stelle Rechtfertigungen, sondern erzählen und berichten Sie von Ihren Erfahrungen und nehmen Sie die Eltern mit in den Prozess hinein, denn sie wissen manchmal vielleicht nicht, worüber Sie reden und sind in ihren Alltagsstrukturen gefangen.

Verschiedene Formen der Partizipation

Es ist durchaus möglich, soziale Partizipationsprozesse zu dokumentieren, d. h. auch hier die Eltern am Prozess zu beteiligen. So können z. B. alle Ideen aus der Gruppe zum Sommerfest aufgeschrieben werden. Ein Plakat, das sich täglich oder wöchentlich erweitert, und Fotos zum Verlauf der Diskussion visualisieren diesen Prozess.

Es geht nicht darum, dass Eltern Ihre Haltung übernehmen müssen, aber sie können möglicherweise die Chancen dahinter erkennen.

Um Kinder an etwas zu beteiligen, sind immer Energie, Kraft, Kommunikation, Mut, Kompromissbereitschaft, Humor und Reflexionsfähigkeit nötig. Aber genau das sind die Eigenschaften, die Kinder brauchen, um im Leben bestehen zu können. Lassen Sie uns ihnen dieses Geschenk machen!

Literatur

Becker-Textor, I.: Erziehung in der Erzieherin-Kind-Beziehung. In Becker-Stoll, F. & Textor, M. (Hrsg.): Die Erzieherin-Kind-Beziehung. Zentrum von Bildung und Erziehung. Berlin 2007, S. 58–73

Gernert, W.: Jugendhilfe – Einführung in die sozialpädagogische Praxis, München u. Stufen der Beteiligung nach Roger Hart (1992) und Wolfgang Gernert (1993). www.ljr-hh.de/Partizipation-als-Stufenmodell.675.0.html (abgerufen am 03.03.2015), Basel

Gesetz zur Förderung von Kindern in Tageseinrichtungen und Kindertagespflege (Kindertagesförderungsgesetz – KitaFöG Lesefassung 1) Berlin, Teil I und IV

Hart, R.: Children's partizipation: From tokenism to citizenship. Florence: Unicef 1992

Himmelmann, G.: Demokratie-Lernen: Was? Warum? Wozu? In: Edelstein, W. & Fauser, P. (Hrsg.): Beiträge zur Demokratiepädagogik. Eine Schriftenreihe des BLK-Programms „Demokratie lernen & leben" 2004

Klein, L. & Vogt, H.: Freinet-Pädagogik in Kindertageseinrichtungen, Freiburg/ Br.-Basel-Wien 1998

Knauer, R.: Beteiligungsprojekte mit Kindern und Jugendlichen in der Kommune. Wiesbaden 2004

Mienert, M. & Vorholz, H.: Den Alltag öffnen – Perspektiven erweitern. Braunschweig 2013

Oerter, R. & Montada, L.: Entwicklungspychologie. Ein Lehrbuch. Weinheim 2002

Ostermayer, E.: Pädagogische Ansätze für die Kita: Pikler. Berlin 2013

Schubert, K. & Klein, M (Hrsg.): Das Politiklexikon. 4., aktual. Aufl. Bonn: Dietz 2006, Forum Politische Bildung

Schubert, K. & Klein, M. (Hrsg.): Das Politiklexikon. 5., aktual. Aufl. Bonn: Dietz 2011

Vorholz, H.: Pädagogische Ansätze für die Kita: Offene Arbeit. Berlin 2014

Wild, R.: Freiheit und Grenzen Liebe und Beteiligung. 1998, S. 107

Links

Duden Online: www.duden.de (abgerufen am 01.05.2015)

http://blk-demokratie.de/fileadmin/public/dokumente/Himmelmann.pdf (abgerufen am 20.04.2015)

Internet Publikation für Allgemeine und Integrative Psychotherapie (ISSN 1430–6972) IP-GIPT DAS=12.04.2001 Internet-Erstausgabe, letzte Änderung 23.5.7, *Impressum:* Diplom-Psychologe Dr. phil. Rudolf Sponsel, Stubenlohstr. 20, D-91052 Erlangen

Online Lexikon für Psychologie und Pädagogik. http://lexikon.stangl.eu/1535/selbstwirksamkeit-selbstwirksamkeitserwartung/ (abgerufen am 13.04.2015)

Stichwortverzeichnis

Abstimmung 73

Benachteiligung 51
Beobachtung 53
Beschwerdemanagement 40
Beschwerden 35, 42
Beschwerdeverfahren 35, 37, 38, 41
Bildung 30
Bildungspläne 10
Bindung 58
Bindungsperson 58

Demokratie 14
Dokumentation 53, 79

Eltern 64
– Partizipation 64
– Zusammenarbeit mit 59
Entscheidungen 70
Entscheidungskompetenz 17
Erwachsenenbildung 59

Fachlichkeit 59
Förderung 11
Formen der Partizipation 67
Fragen 76

Gesprächskompetenz 75
Gesprächskultur 75
Gesprächsregeln 77

Haltung 17
– dialogische 53

Kinderkonferenz 67
Kinderparlament 67
Kinderrat 67, 69
– Vorbereitung 71
Kindeswohl 57
Kleinkinder
– Kinderkonferenz 72

Macht 63
Machtverzicht 45
Moderation 77

Netzwerkarbeit 60

Partizipation
– antiautoritär 73
– Beobachtung 53
– Bildung 29
– Bildungspläne 10
– Bindung 58
– Dokumentation 53
– Eltern 64
– Entwicklung 18
– Erfolgsfaktoren 21
– Formen der 67

– Haltung 15, 17
– Kinder unter drei Jahren 25
– Macht 45, 63
– Rechte des Kindes 12
– rechtliche Grundlagen 11
– Regeln 46
– Rolle der Erzieherin 57
– soziale Entwicklung 18
– Stolpersteine 79

Regeln 46
– Kommunikation 50
Respekt 63
Rolle der Erzieherin 57, 79
Rollenverständnis 57

Schutz 11
Selbstverständnis 57
soziale Entwicklung 18
Stolpersteine 79

Team
– Konflikte 60

Zuhören 75

Fragen hilft!

55 Fragen & 55 Antworten rund um Kitaleitung

Die Leitung von Kitas ist ein wichtiges und sensibles Thema. Die Autorin gibt Antworten auf die wichtigsten Fragen dazu. Knapp und auf den Punkt gebracht stellt sie dar, welche Dinge bei der Leitung einer Kita zu beachten sind und wie sich diese organisieren lassen. Das Buch bietet dank Stichwortverzeichnis eine angenehme Lektüre und ist zugleich ein hilfreiches Nachschlagewerk.

Mirjam Prüver
55 Fragen & 55 Antworten
Leitung von Kitas
104 Seiten, kartoniert
978-**3-589-24606-9**

Aktuelle Preise und weitere Informationen finden Sie im aktuellen *Kita-Katalog* sowie im Internet unter *www.cornelsen.de/fruehe-kindheit*

www.cornelsen.de/fruehe-kindheit

Fragen hilft!

55 Fragen & 55 Antworten rund um Teamarbeit

- Das Wichtigste zur Teamarbeit in Kitas auf einen Blick
- Einfacher Einstieg für angehende Leitungskräfte
- Von Konfliktbewältigung bis Zeitmanagement: kurze und prägnante Antworten auf häufige Fragen

Sibylle Münnich
55 Fragen & 55 Antworten
Teamarbeit in der Kita
104 Seiten, kartoniert
978-3-589-24807-0

Aktuelle Preise und weitere Informationen finden Sie im aktuellen *Kita-Katalog* sowie im Internet unter *www.cornelsen.de/fruehe-kindheit*

www.cornelsen.de/fruehe-kindheit

Gut gefragt!
55 Fragen & 55 Antworten rund um Elternarbeit

Tina Friederich, Astrid Kerl-Wienecke
**55 Fragen &
55 Antworten**
Zusammenarbeit
mit Eltern in der Kita

- Wichtiges zur Zusammenarbeit mit Eltern in Kitas
- Anregungen zur Konfliktlösung und zur Einbeziehung von Eltern
- Stichwortverzeichnis ermöglicht schnelles Nachschlagen

55 Fragen & 55 Antworten
Zusammenarbeit
mit Eltern in der Kita
104 Seiten, kartoniert
978-**3-589-24809-4**

Aktuelle Preise und weitere Informationen finden Sie im aktuellen *Kita-Katalog* sowie im Internet unter *www.cornelsen.de/fruehe-kindheit*

www.cornelsen.de/fruehe-kindheit